U0940454

我是学习王

生物的构成和植物的结构与功能

〔韩〕善友教育出版社编辑部/著绘　洪梅/译

让8—14岁的孩子爱观察爱实验
提前爱上生物课！

我是生物王 1

推荐词

21世纪是科学技术发展的时代。

今天，我们之所以能够如此便利地享受高度的现代文明，是因为有科学技术的发展做基础。要不是发现了电，人们还得继续靠蜡烛照明；要不是发明了汽车，人们现在仍要骑马出行。科学技术的功劳又何止这些？生活中，我们能用到的还有空调、冰箱、洗衣机、电视机、MP3和手机等大量科学技术的产物。由此可见，科学并不是一门艰涩无味的学问，它与每个人息息相关，让人类的生活更加舒适。尤其是进入21世纪以后，科学技术的发展主导着国家竞争力，所以，我们要努力学习科学。

可是，学好科学并不容易。乏味难懂的用语……让人们一提起科学，就会觉得难学。其实，它只是把自然界的法则换成通俗易懂的公式，使任何人都能理解的一门学问。因此，那些认为科学有趣的人就能学得好。

既然科学有意思，学习就变得更加有趣味性，孩子们也就会更加用功。这样一来，想学不好都难了。如果大家不能培养起对科学的兴趣，就很难学下去；反之，必将取得好成效。

从这一点而言，“我是学习王”系列是一套可以让那些持有“科学难学乏味”偏见的朋友们对科学产生兴趣的丛书。书中的小主人公曾和“我”一样，

认为科学不好学、没意思。主人公带领小读者们兴致勃勃地时而荒唐，时而可笑地学科学，使人在阅读过程中自然而然地被科学深深吸引。本套图书编写生动有趣，摒弃了呆板乏味的教科书形式，更加激发出人们对于科学的好奇心，不知不觉间将难懂的科学知识装入头脑。再加上这套书通过活泼漫画形式，用生动易懂的语言娓娓道来，各单元最后还附有言简意赅的内容总结。个人以为，可以用作阅读材料表达自己的想法，或者选择讨论内容时的最佳资料。

希望“我是学习王”系列丛书成为小学高年级学生预习初中课程，初中生熟悉科学教程，以及家长给孩子讲解科学的好助手。

理学博士

韩国“全南外国语高等学校 教师”

韩国科学教师协会及科学教师科学文化协会 会长

임웅욱(任雄旭)

写在出版之际

一套真正适合孩子阅读的“教科书”

假如用看漫画的方法阅读教科书……孩子们就不会那么讨厌学习了吧！

教科书通常满篇皆是黑白图和文字，内容枯燥不说，更是单调乏味。倘若改成好玩的漫画形式的教科书，你敢想象是什么样子吗？想必会让人眼前一亮吧！

同学们在学习的过程中遇到的最大难题是记住所学的内容需要花费很长时间。另外，理解这些内容，并保持长时间不忘所花费的时间更漫长。虽然说学习没有捷径，但是大家一致认为最好还是要选择有效的学习方法。因此，为了提高孩子们的学习效率，我们策划了好看又好学的“我是学习王”系列。

本书以漫画的形式再现了课本里无法展现的实验内容，根据同学们的理解程度，帮助建立多样的学习方法思维。另外，按照教程规律设定的内容环环相扣，帮助学生们建立创造性思维。

事实上，目前小学生的学习书漫画形式的越来越多，可以说这也是一种阅读趋势。虽然在出版过程中存在争议，认为漫画形式过于随意，但是我们一直没有放弃教材的核心和中心内容。假若通过图画得到的间接经验可以给学习带来事半功倍的效果，那么，证明漫画式的教科书是有可取之处的，我们也将倍感欣慰。我们所希望的是孩子们能够认识到生物这门课程学习起来也是十分有趣的，这便是这套书的价值所在了。

编者谨识

小读者们请注意

亲爱的同学们，这是一本帮助你迈入生物世界，辅导你进行生物学习的课外书。当你阅读这本书时，你可以在教材上找到相对应的生物知识。或许，你对变幻多端的生物实验特别感兴趣，想在家也尝试着做实验，当一回生物学家。在这里，我要严肃地告诉你，这么做是特别危险的，千万不能随便在家做实验。因为在生物实验的过程中，会发生很多突发情况，例如试剂挥发有毒物质，被实验器具划伤身体，这些都是危及生命的。如果不是在专业的环境里、采用专业的实验器具就做实验是非常危险的，同学们一定不能这样做。如果你想深入地观察生物体的特征，亲自动手实验就一定要在老师的指导下，在专业的实验室里进行。

本书的构成和特征

1

边阅读边理解

把学校里的科学课
绘制成了漫画

1. 收录了中等教学科目的全部课程。
2. 把生硬的科学概念通过简单的漫画表现出来。
3. 重要的词汇和难懂的词汇都进行了增删式的解析。

2

比教科书涵盖的知识面更广

包含教科书中的所有内容

1. 可以作为所有版本教科书的参考书使用。
2. 每个部分都提供了比教科书涵盖面更广的内容供大家学习。

3 通过实验整理知识

包含初中的所有实验课程

1. 通过实验解释重要的科学概念。
2. 对试验结果做了图表式的总结，方便查看。

4 更加深入地理解

小学生和初中生
都可以阅读

1. 与初中的教学科目课程互相衔接。
2. 通过深化课程，与中等教学科目的课程达到深入的衔接。
3. 按照参考书的形式，对知识要点进行了整理。

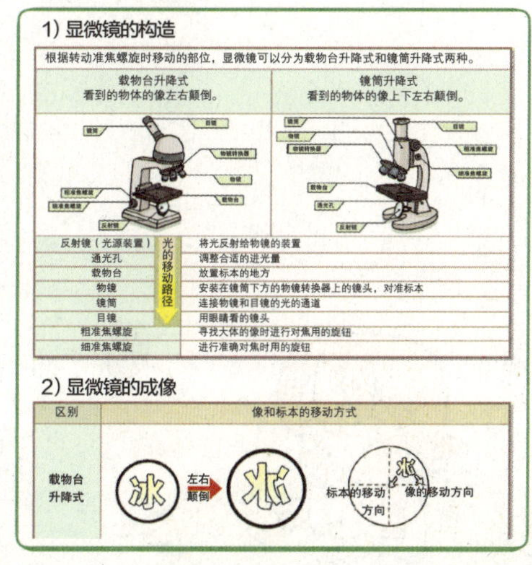

1) 显微镜的构造

根据转动准焦螺旋时移动的部位，显微镜可以分为载物台升降式和镜筒升降式两种。

载物台升降式 看到的物体的像左右颠倒。	镜筒升降式 看到的物体的像上下左右颠倒。

反射镜（光源装置）	光的移动路径	将光反射给物镜的装置
通光孔		调整合适的进光量
载物台		放置标本的地方
物镜		安装在镜筒下方的物镜转换器上的镜头，对准标本
镜筒		连接物镜和目镜的光的通道
目镜		用眼睛看的镜头
粗准焦螺旋		寻找大体的像时进行对焦用的旋钮
细准焦螺旋		进行准确对焦时用的旋钮

2) 显微镜的成像

区别	像和标本的移动方式
载物台升降式	冰 左右颠倒 → 冰（左右颠倒）；标本的移动方向　像的移动方向

目录

1. 生物的构成

1. 显微镜......................................18

1）显微镜的构造与成像

2）显微镜的放大倍率和观察步骤

3）显微镜的使用方法

2. 细胞..30

1）细胞

2）单细胞生物和多细胞生物

II. 植物的结构与功能

1. 根..46
1）根的形态与构造
2）水和无机盐的吸收原理
3）植物的组成成分和生长必需的物质

2. 茎..60
1）茎的构造
2）茎的作用

3. 叶..68
1）叶的构造
2）蒸散作用
3）植物的光合作用
4）植物的呼吸

4. 花与果实....................................88
1）花的构造
2）授粉和受精

生物

那现在我们就
开始上课吧？
申硕基同学！
啪啪
咦，怎么
是多茵
姐姐？

新来的家庭老师
竟然是表姐……
真是的。

我说啊，花那么
少的钱能请到像
我这样的老师是
非常幸运的事情，
好不好！
哎，
爸爸又
白花冤枉
钱了。

物质代谢是指呼吸、排泄等在生物体上出现的各种反应。

好了，下面就让我们到比宇宙还要复杂的生物世界里去看一看吧。GO!GO!

她还真是充满斗志啊……

I. 生物的构成

进入单元学习

你说什么呀？什么生物是由粒子组成的，你以为人类是石头吗……
切~

不过……想要让当时的人们接受眼睛看不到的事实的确比较困难。
到底是什么东西让大树晃动的呢？
摇晃

而且组成生物的细胞也是非常非常微小的。

直到16世纪显微镜发明出来之后，
呜哇！完全是另外一个世界。
惊讶

这个观点才得到证实。
现在科学家们连肉眼看不见的东西都可以观察到了。

最早的显微镜是由荷兰的詹森父子发明的。
他是我们荷兰的眼镜商人。
罕斯·詹森
札恰里亚斯·詹森

他们发明的显微镜放大倍数约为30倍左右。
切，才30倍啊？

在当时已经是非常了不起的发明了！
哎呀……

之后出身于法国的列文虎克……
当时我是一个布匹商人。

不仅观察了血液、肌肉和自己口腔内的残渣。
呕，好想吐啊。

还观察了水井中的生物等。
你说井里有奇怪的生物？

原始生物——指变形虫、草履虫等单细胞生物。

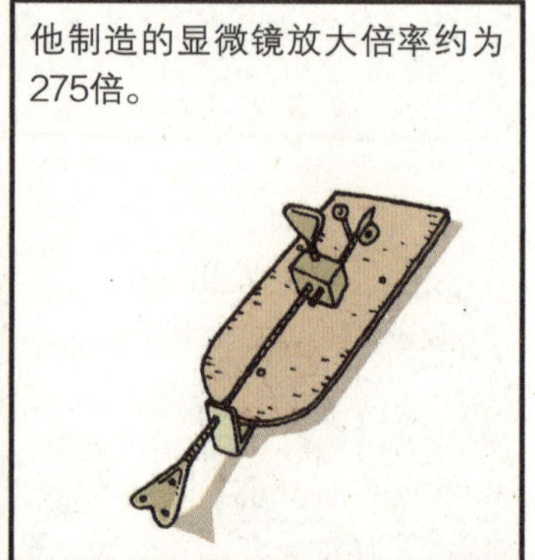

因此他发明的显微镜也被称为“跳蚤镜”。
我的跳蚤都跑到哪里去了？
哎呀，痒死了～
挠挠

硕基，你过来看一看窗外好吗？
干吗突然要看窗外？

你看到窗外那堵红砖墙了吧？
嗯！

如果靠近看的话就会发现，它是由无数的砖块堆积而成的。

虽然我们身边的植物和动物彼此外表不同，

但它们也都像这堵红砖墙一样是由一个个小单位组合而成的。

这个单位就是所谓的“细胞”咯？
呵呵，你理解得非常对。

那么接下来我们就来了解一下这个虽然个头很小但是非常重要的细胞吧？

可是——细胞那么小我们要怎么去了解呢？
你不是说眼睛看不到吗？

而且我们也不能像科幻电影里演的那样缩小一千倍钻到里面去看。
你……到底都听了些什么！

你觉得我为什么要费那么大的力气向你介绍显微镜呢？
啊哈，原来如此啊！

好了，那我们先来看一下显微镜的构造还有它的使用方法吧！

1. 显微镜

1) 显微镜的构造与成像

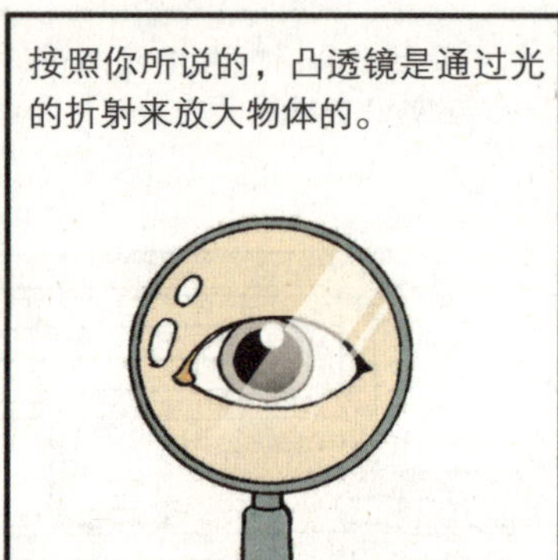

这种显微镜根据转动准焦螺旋时移动的部位，可以分为镜筒升降式

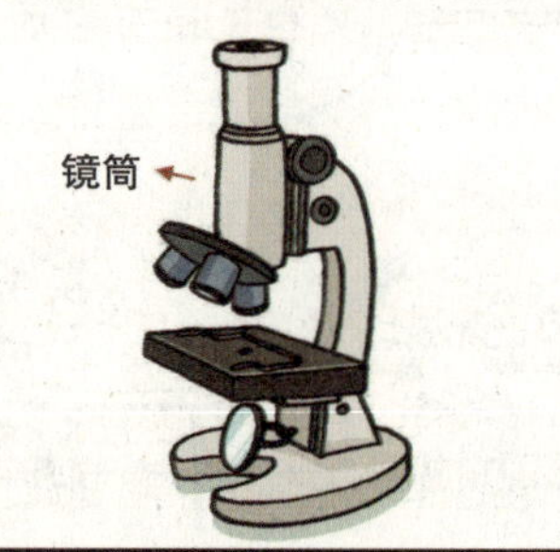

和载物台升降式两种。

载物台

如果是镜筒升降式显微镜，转动旋钮镜筒就会上下移动，

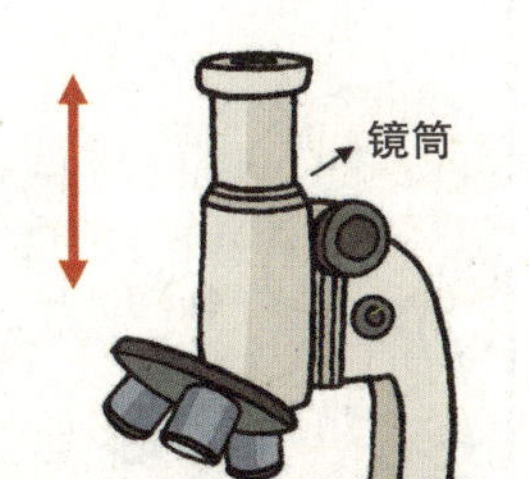

而载物台升降式显微镜自然就是载物台上下移动了。

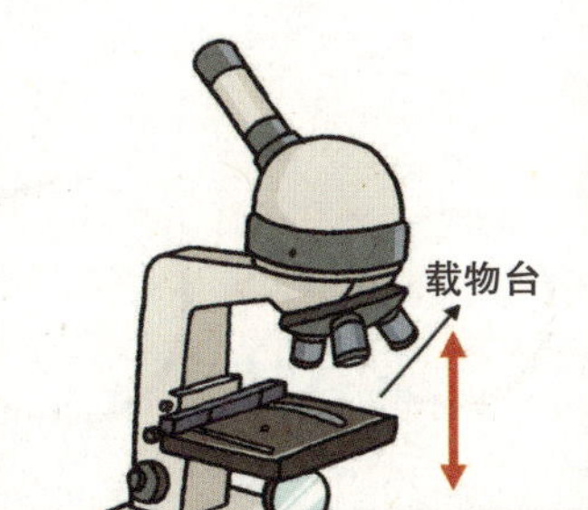

用载物台升降式显微镜观察物体，像是左右颠倒的。

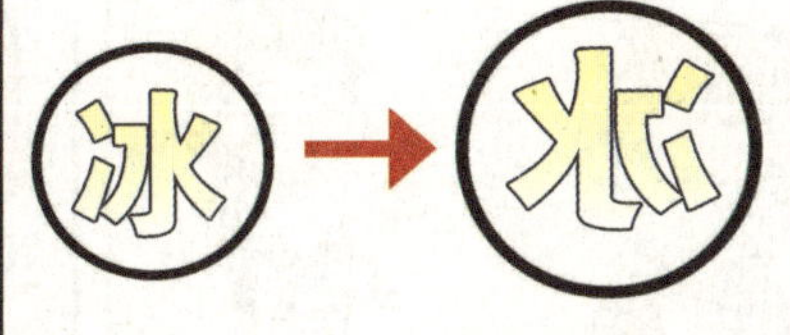

而用镜筒升降式显微镜来观察时，像是上下左右全部颠倒的。

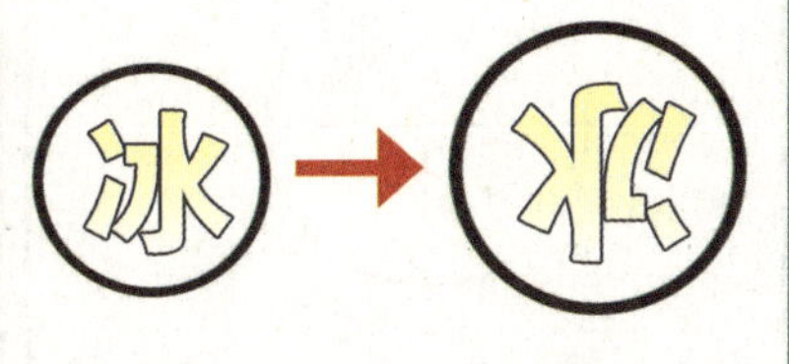

换句话来说，就是当我们把观察对象的标本放在载物台上之后，

想要通过拉或者推将物体对准镜头中央时，两种显微镜的操作方法有很大的不同。

打个比方，当我们用载物台升降式显微镜观察物体的时候，像出现在右上方，我们应该如何移动标本让像对准中间位置呢?

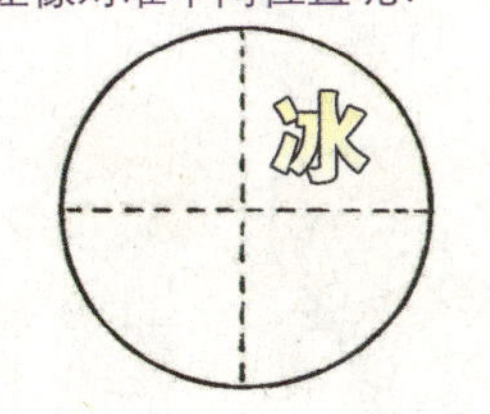

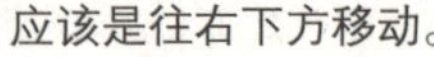
应该是往右下方移动。

冰
像的移动
方向
标本
的移动方向

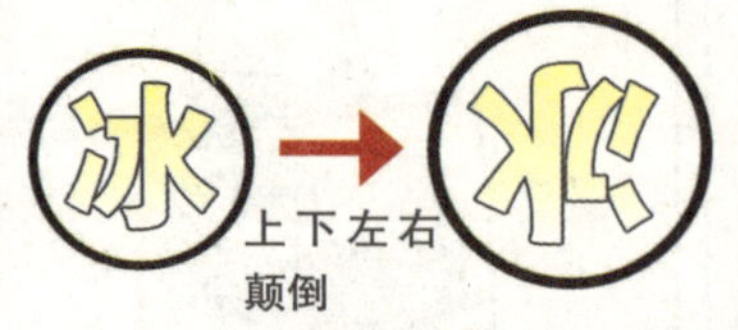
而通过镜筒升降式显微镜看到的像
是上下左右颠倒的，
冰
上下左右
颠倒

如果看到同样的物体像
出现在右上方，

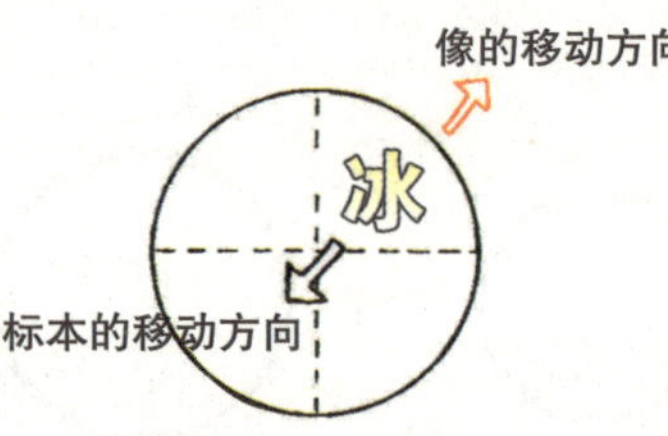
标本的移动方向应该与像的移动方
向正相反，即应该往右上方移动。
像的移动方向
冰
标本的移动方向

呃啊，
好纠结！
一会儿做了
实验你就会
理解啦。

接下来，我们再来了解一下
显微镜上的那些配件吧？

等……等一下，
难道这些配件
的名称都要
背下来？
虽然
看起来比较多，
但是通过图来记忆
的话就会轻松
很多啦。

我还是放弃算了
……
等一下！
抓
住

你决定放弃生物，
我是管不着啦……

可是我的家教费
管谁要啊？
啊啊，对不起。
多菌姐姐！

好了，如果你觉得背起来
很难的话，我就用比较容易
理解的方法讲给你听！
啊啊

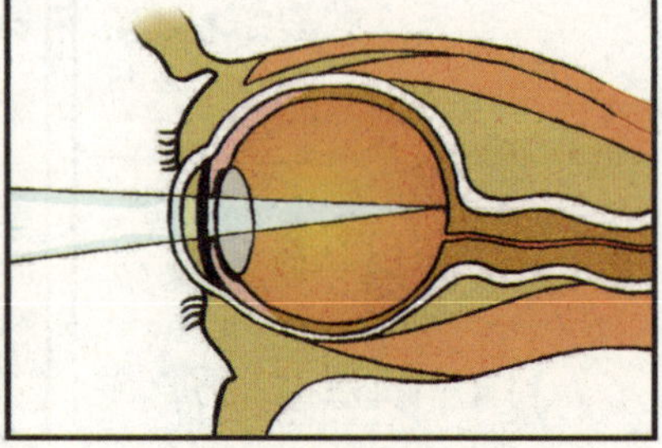
人想要看到某种物体的形状或者颜
色，就需要物体上反射的光进入人
的眼睛。

而显微镜也是利用光的原理工作的，因此我们只需弄清楚光在显微镜中的路径就可以轻松掌握显微镜的整体构造了。

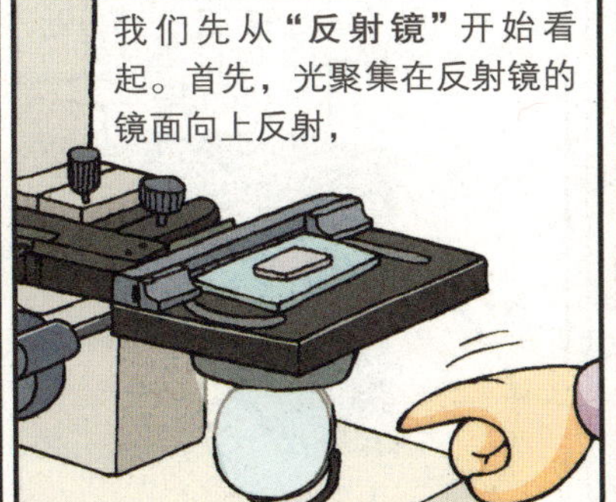
我们先从“反射镜”开始看起。首先，光聚集在反射镜的镜面向上反射，

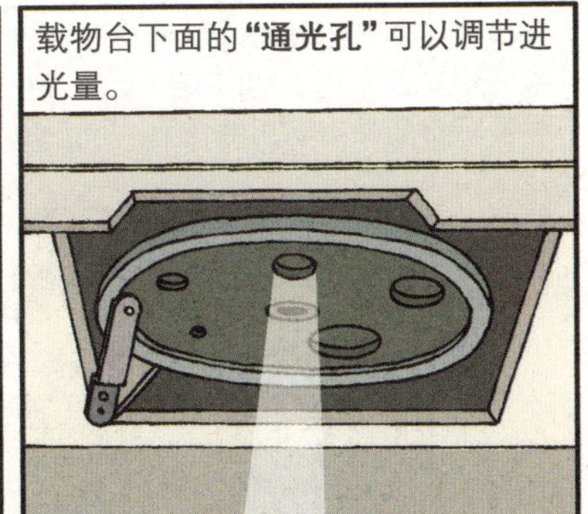
载物台下面的“通光孔”可以调节进光量。

经过通光孔上来就是放置标本或其他物体的“载物台”，

光透过载物台让我们能够看到物体，
啊！
好刺眼。

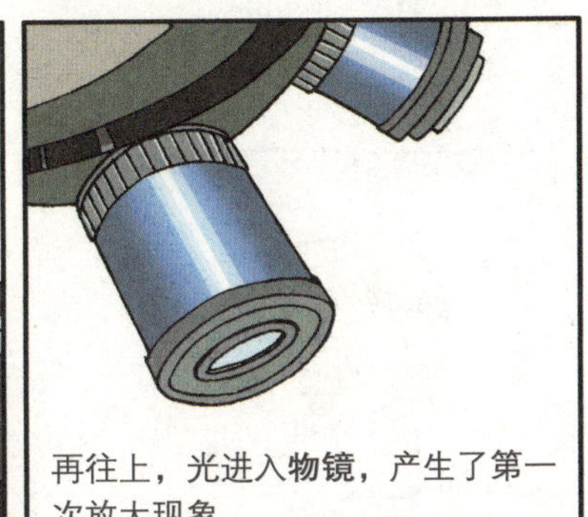
再往上，光进入物镜，产生了第一次放大现象。

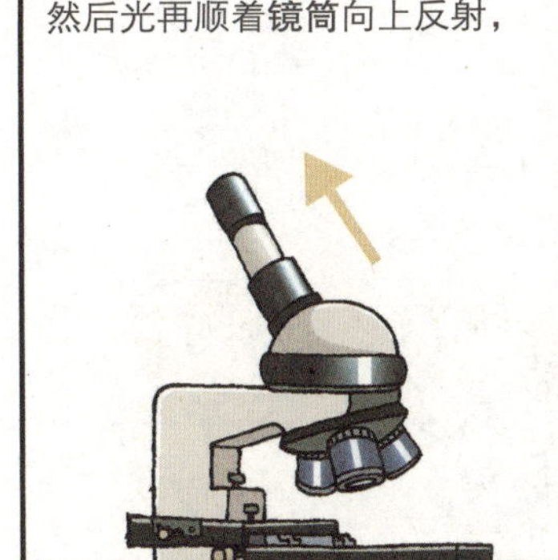
然后光再顺着镜筒向上反射，

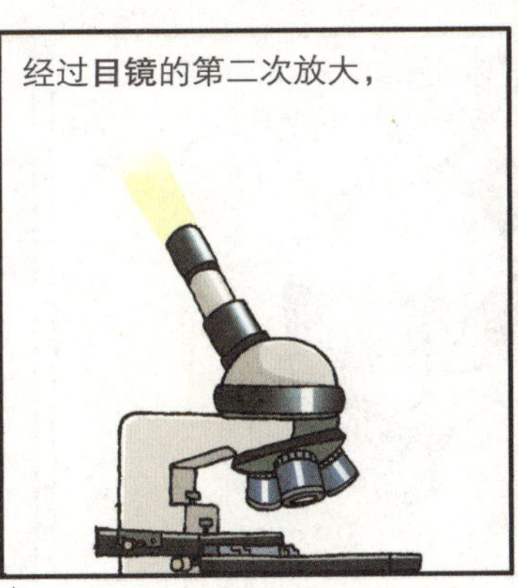
经过目镜的第二次放大，

我们就可以看到放大之后的物体了。

怎么样，这个方法很不错吧！这样一来既弄清楚了光在显微镜中的移动顺序，又认识了显微镜的构造。

这里还有一个看上去可以转动的把手，你还没有讲吧？

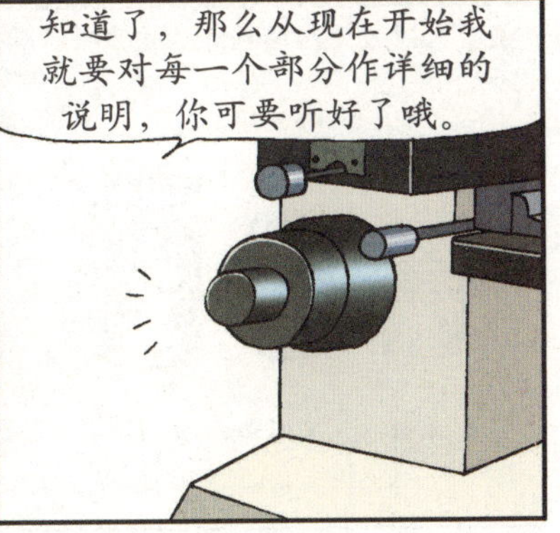
知道了，那么从现在开始我就要对每一个部分作详细的说明，你可要听好了哦。

这个把手叫**准焦螺旋**，是用来调节物镜与观察对象之间的距离，从而寻找到要观察的像或者对准焦点。

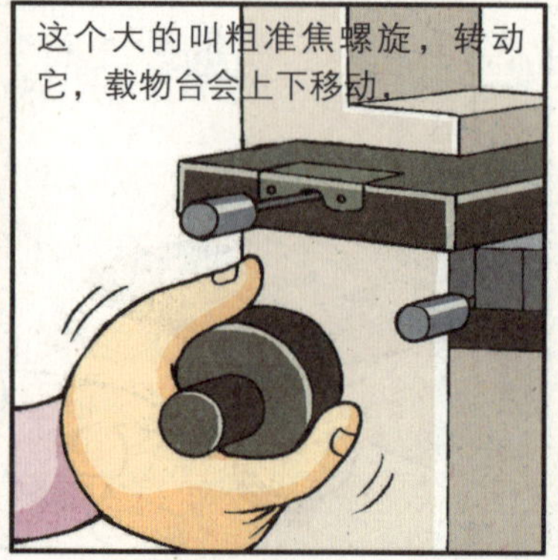

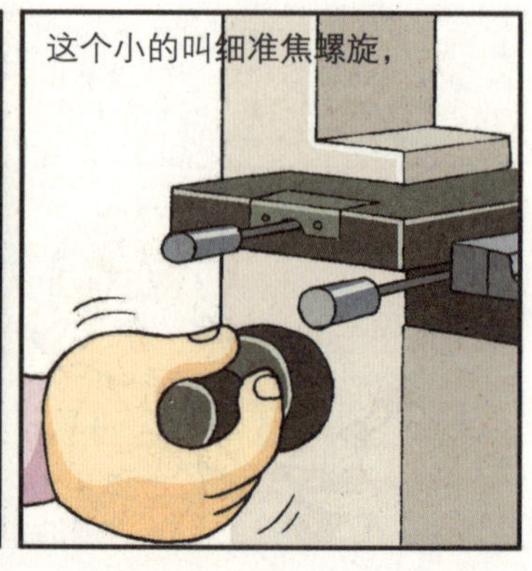

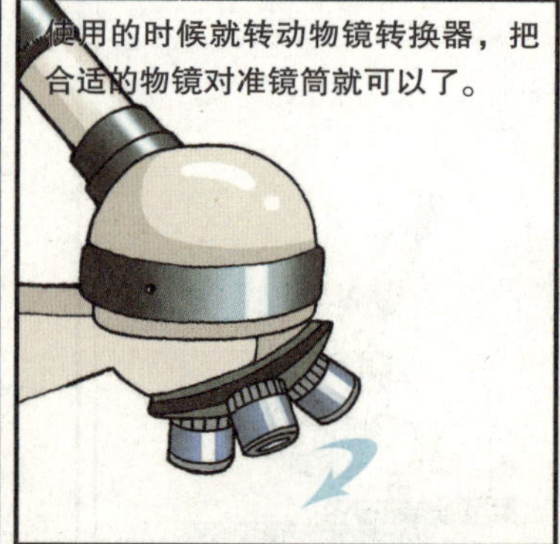

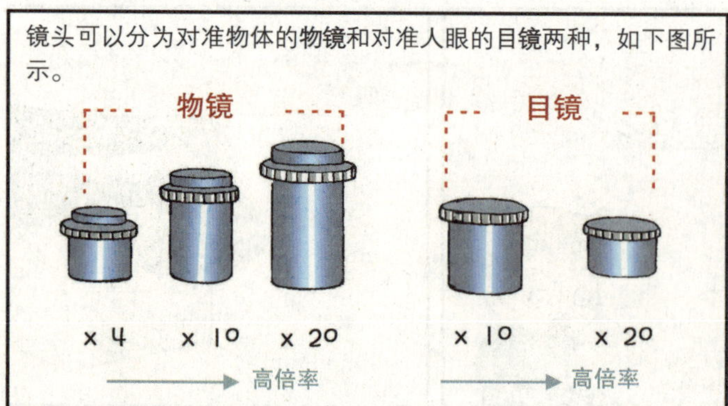

2）显微镜的放大倍率和观察步骤

假设我们转动物镜转换器选择了×10的物镜对准镜筒，又选择了×20的目镜安放在镜筒上，

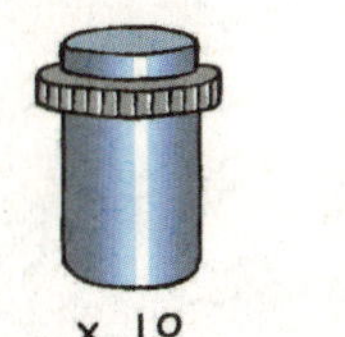

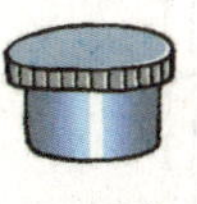

那么如果想把物体放大到最大就选择最长的物镜和最短的目镜就可以了吧？

没错。但是在刚开始观察的时候一般都会先用低倍率的镜头。

应该先用低倍率的镜头把要观察的像移动到视野的正中央，然后再用高倍率的镜头进行观察。

下面这张表格是分别用低倍率和高倍率的镜头观察时成像的区别，请各位务必要记牢。

	低倍率	高倍率
像的大小	小	大
视野（范围）	宽	窄
个体数量	多	少
亮度	明亮	昏暗
反射镜	平面镜	凹面镜
工作距离	长	短

低倍率下的成像比高倍率的像放大程度低，因此像相对较小，因此可以观察到许多个小的像。

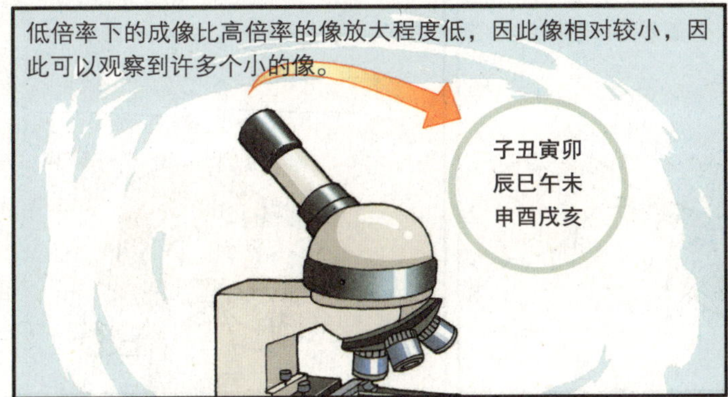

使用高倍率的镜头时，
由于像被放大得非常大，

所以像本身就很大，而且是对着一个很窄的范围进行观察，

因此像整体比较昏暗，
需要用到聚光性
更强的凹面镜。

对了，还有一个概念叫作“**工作距离**”，指的是物镜与观察对象之间的距离。

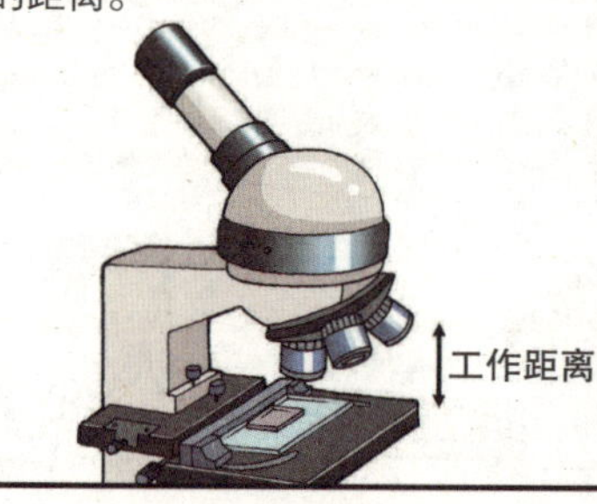

低倍率的物镜长度较短，因此转动粗准焦螺旋**可以调整的工作距离也比较长**，

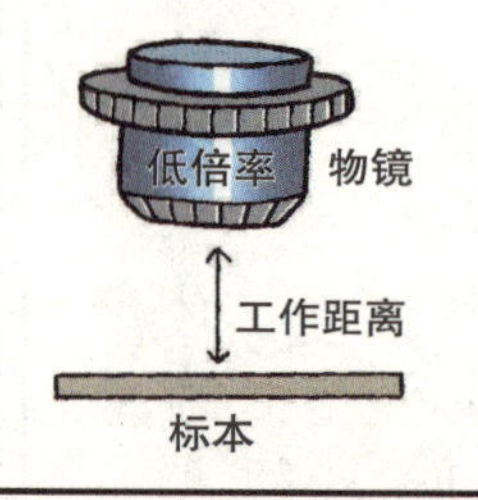

而**高倍率**的物镜长度较长，因此**可以调整的工作距离就会变得非常短**。

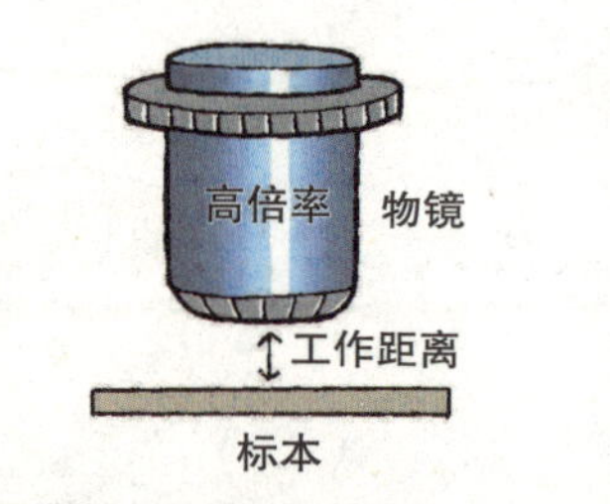

3）显微镜的使用方法

怎么样？听了你姐姐我如此亲切的解释，是不是很容易就理解了呢？

还可以，就是不知道你亲切在哪里了！

好了，需要背诵的
内容就到此为止了。
下面让我们用显微镜
来实际观察一下薄薄
的洋葱片。

首先找一个没有直射光线的平坦的地方放置显微镜，

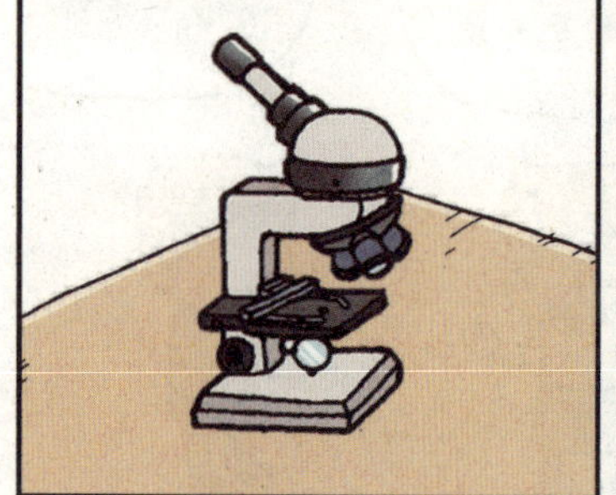

然后取一片薄薄的洋葱组织。

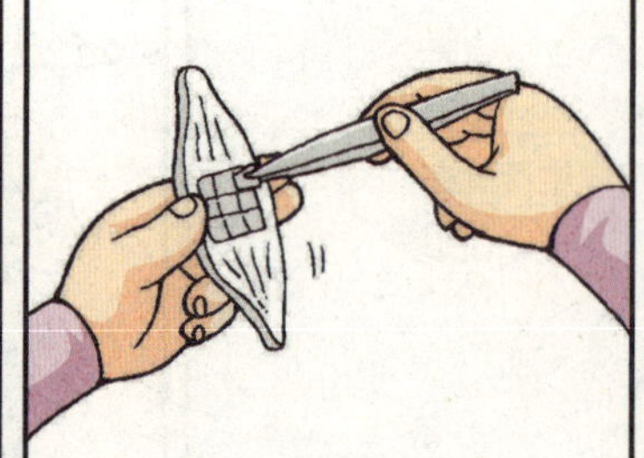

接下来我们就要用显微镜观察
这片洋葱组织，

但是如果要把洋葱片直接放到载物台上会比较麻烦。
洋葱

所以我们就要制作一个叫作“标本”的东西。
标本？

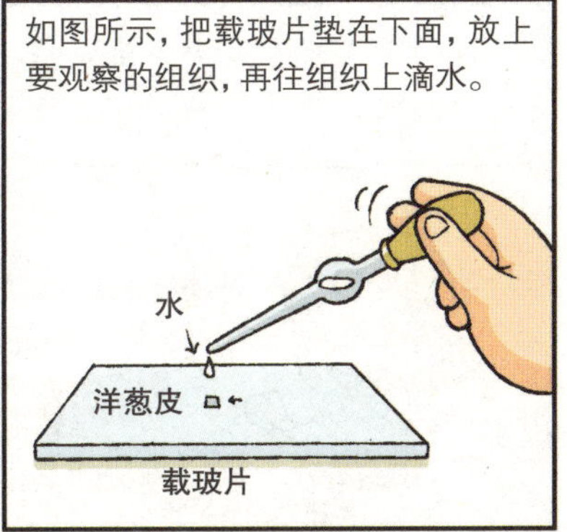
如图所示，把载玻片垫在下面，放上要观察的组织，再往组织上滴水。
水
洋葱皮
载玻片

当然在真正观察细胞的时候滴的是染色剂。

然后把这片小小的盖玻片

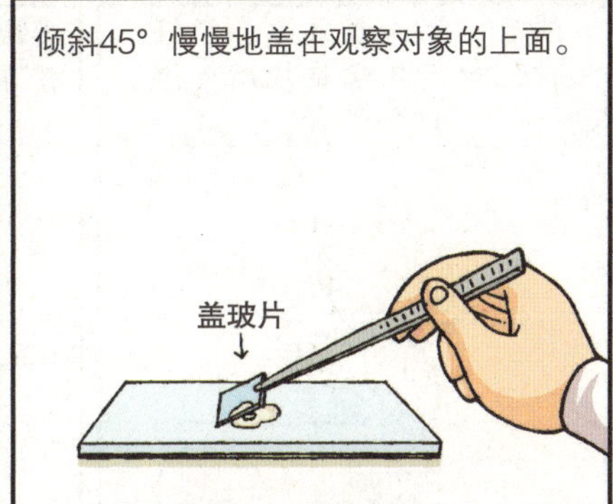
倾斜45° 慢慢地盖在观察对象的上面。
盖玻片

为什么？
因为这样才不会因为空气进入而产生气泡。

好了，这样标本就制作完成了。下面就让我们用显微镜来观察一下吧？

首先把最短的物镜（低倍率）对准镜筒……
让我试一试嘛。

什么呀？黑漆漆的什么都看不到嘛？

遇到这种情况可以通过调节反射镜和通光孔来把光线变亮，然后再把标本放在载物台上就可以了。
是吗？

然后还要一边从旁边看着，一边转动粗准焦螺旋让物镜尽量靠近标本。
像这样吗？

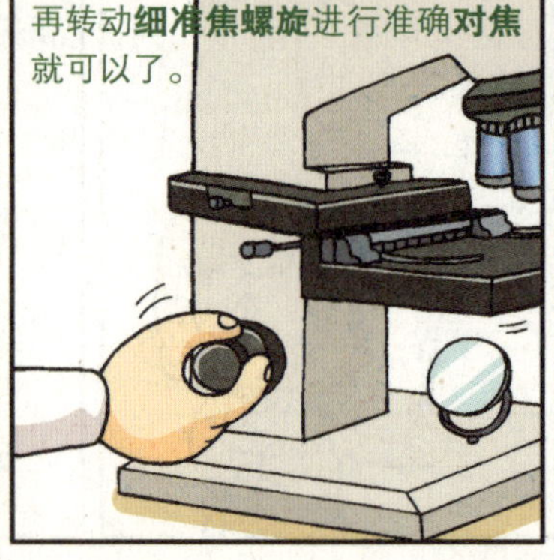

如果想要提高放大倍数，那么就转动物镜转换器选择更高倍率的物镜，再重新对焦就可以了。

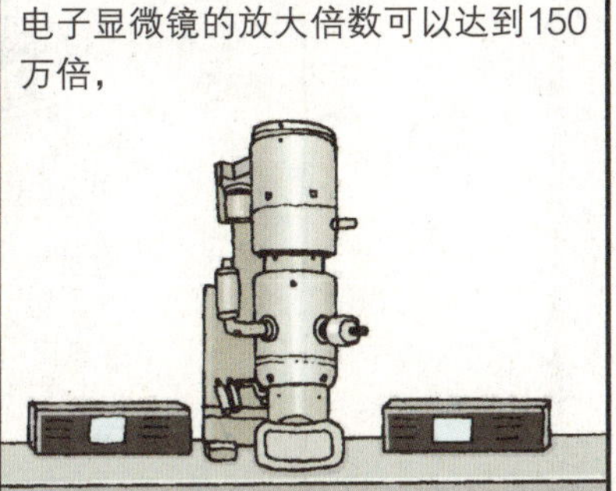

还不能用眼睛直接观察，要拍摄图片之后才可以进行分析，而且想要得到一个准确的图像也非常困难。

01 显微镜

· 显微镜的构造
· 显微镜的成像
· 显微镜的观察步骤
· 显微镜的放大倍率
· 使用显微镜时的注意事项

1) 显微镜的构造

根据转动准焦螺旋时移动的部位，显微镜可以分为载物台升降式和镜筒升降式两种。

载物台升降式 看到的物体的像左右颠倒。	镜筒升降式 看到的物体的像上下左右颠倒。

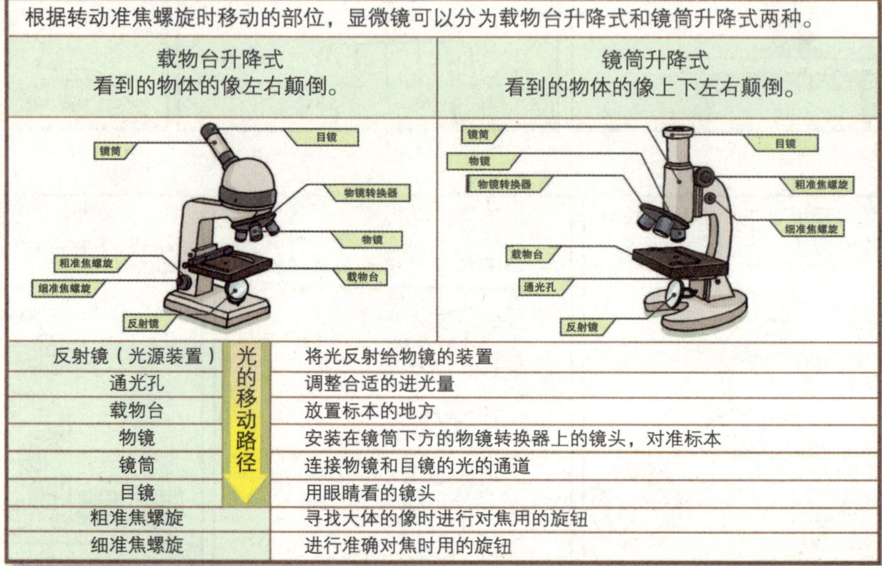

部位	光的移动路径	功能
反射镜（光源装置）	光的移动路径	将光反射给物镜的装置
通光孔		调整合适的进光量
载物台		放置标本的地方
物镜		安装在镜筒下方的物镜转换器上的镜头，对准标本
镜筒		连接物镜和目镜的光的通道
目镜		用眼睛看的镜头
粗准焦螺旋		寻找大体的像时进行对焦用的旋钮
细准焦螺旋		进行准确对焦时用的旋钮

2) 显微镜的成像

区别	像和标本的移动方式
载物台升降式	冰 →（左右颠倒）→ 像；标本的移动方向 / 像的移动方向
镜筒升降式	冰 →（上下左右颠倒）→ 像；像的移动方向 / 标本的移动方向

3）显微镜的观察步骤

步骤	
① 转动物镜转换器将倍率最低的物镜对准镜筒。	设定为低倍率
② 用反射镜和通光孔调整视野亮度。	调整亮度
③ 把标本放在载物台上，用压片夹固定。	
④ 从旁边看转动粗准焦螺旋让物镜最大限度地靠近标本。	调整对焦
⑤ 看着目镜转动粗准焦螺旋寻找大体的像。	
⑥ 转动细准焦螺旋进行准确对焦。	
⑦ 用低倍率镜头观察完之后，可根据需求提高倍率再进行观察。	

4）显微镜的放大倍率

	低倍率	高倍率
像的大小	小	大
视野（范围）	宽	窄
个体数量	多	少
亮度	明亮	昏暗
反射镜	平面镜	凹面镜
工作距离	低倍率 物镜 工作距离 标本	高倍率 物镜 工作距离 标本

5）使用显微镜时的注意事项

注意事项
在光线充足平稳的桌面上进行观察，避免阳光直射。
移动显微镜的时候要一手抓着把手，另一只手拖着底盘。
擦拭镜头要用专用擦拭布。
先用低倍率镜头进行观察，然后逐渐提高倍率。

2.细胞

1）细胞

下面我们就利用前面学到的关于显微镜的知识观察一下生物的细胞都有哪些特征吧。

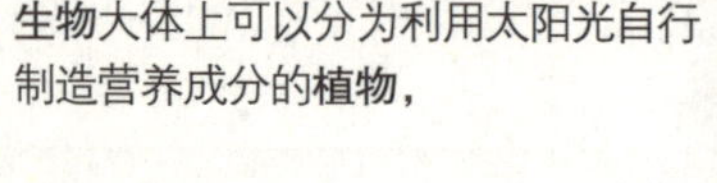

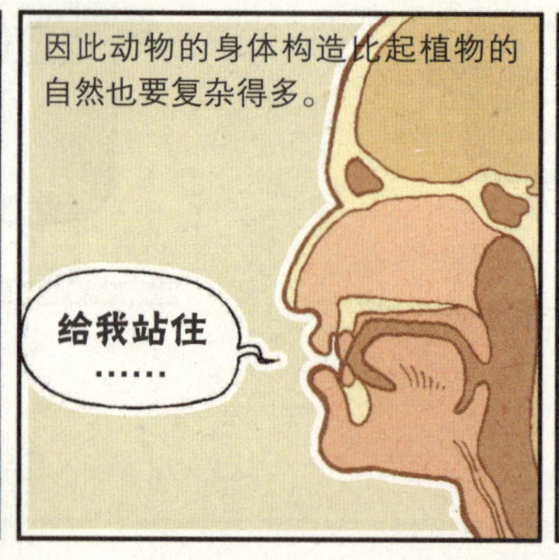

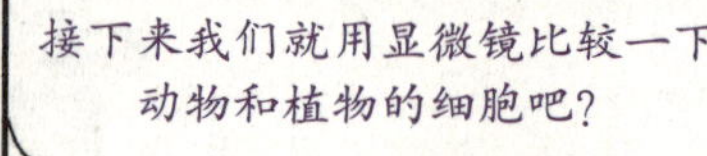

首先我们要准备的材料是显微镜、载玻片、盖玻片、滴管、刀片、镊子、滤纸、棉签、洋葱、醋酸洋红溶液、亚甲蓝溶液。

啊！怎么这么多啊？

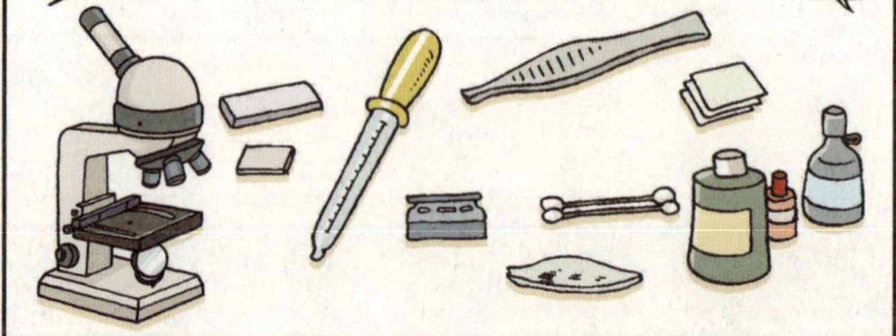

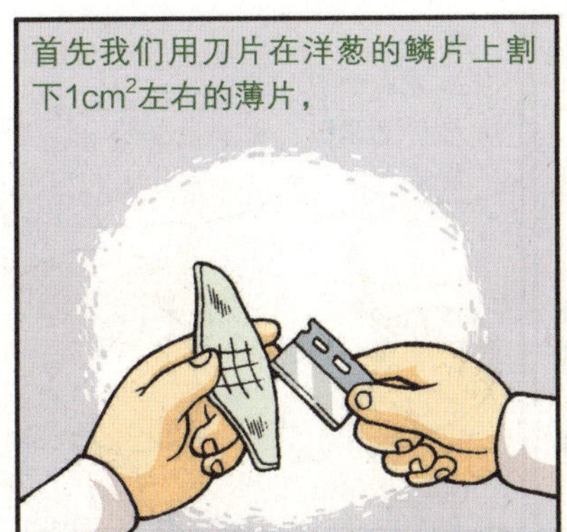
首先我们用刀片在洋葱的鳞片上割下$1cm^2$左右的薄片，

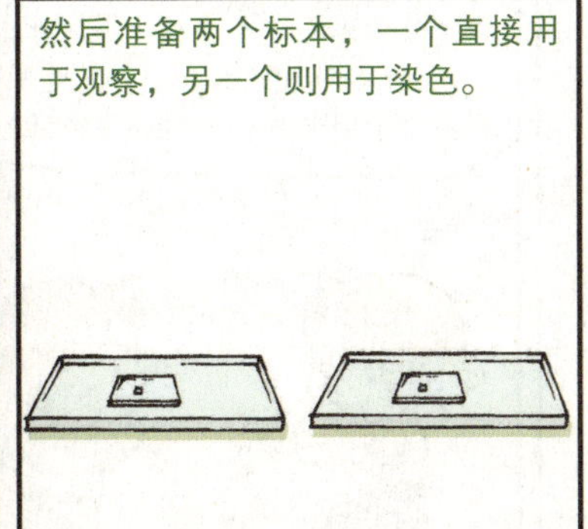
然后准备两个标本，一个直接用于观察，另一个则用于染色。

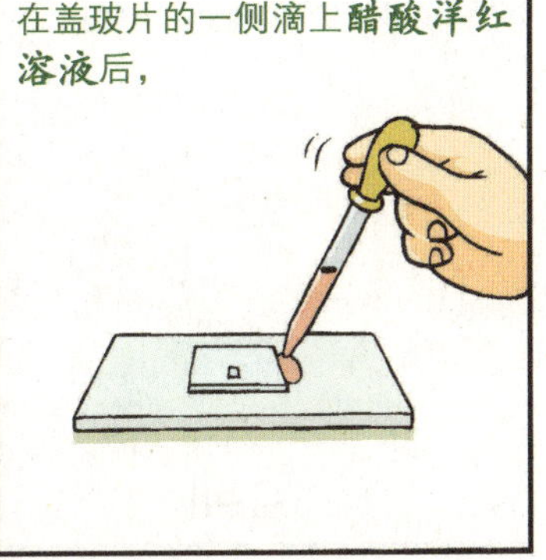
在盖玻片的一侧滴上**醋酸洋红溶液**后，

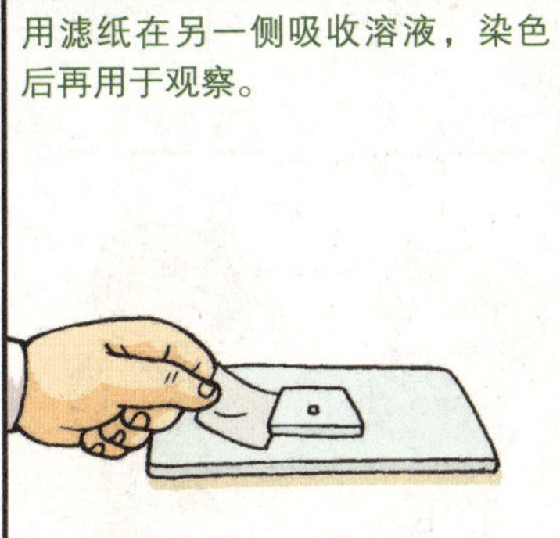
用滤纸在另一侧吸收溶液，染色后再用于观察。

接下来我们就要观察动物的口腔皮层细胞了。
啊……啊……为什么

首先把消毒后的棉签用口水沾湿之后，在口腔内侧揉搓……
感觉好奇怪。

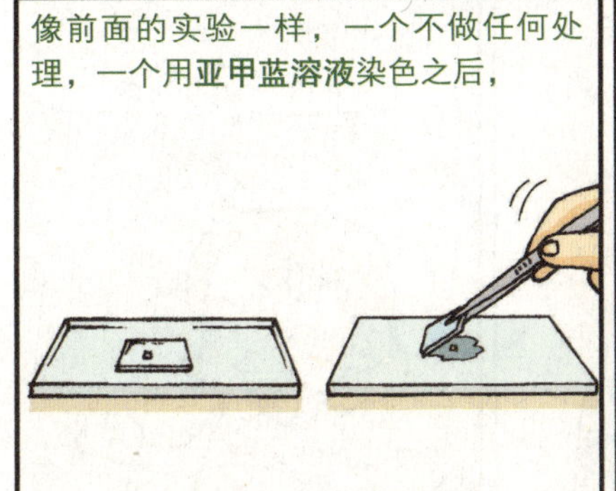
像前面的实验一样，一个不做任何处理，一个用**亚甲蓝溶液**染色之后，

然后我们就要对两个标本分别进行观察了。
呜哇，这是什么东西？

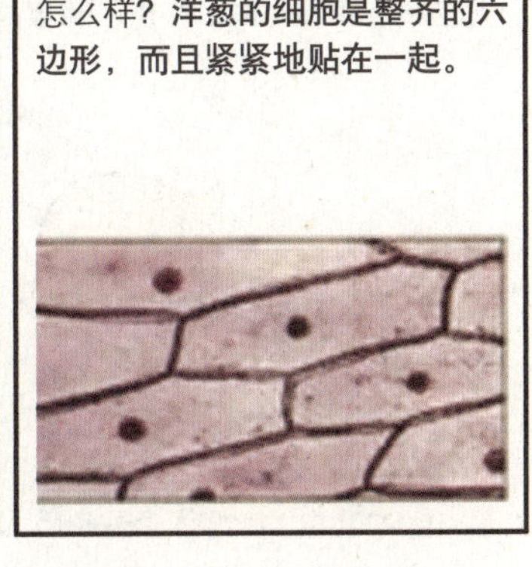
怎么样？洋葱的细胞是整齐的六边形，而且紧紧地贴在一起。

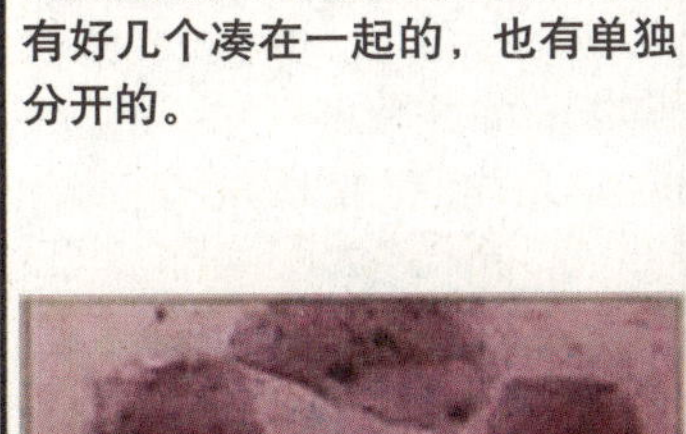
而人类的皮层细胞则是圆形的，有好几个凑在一起的，也有单独分开的。

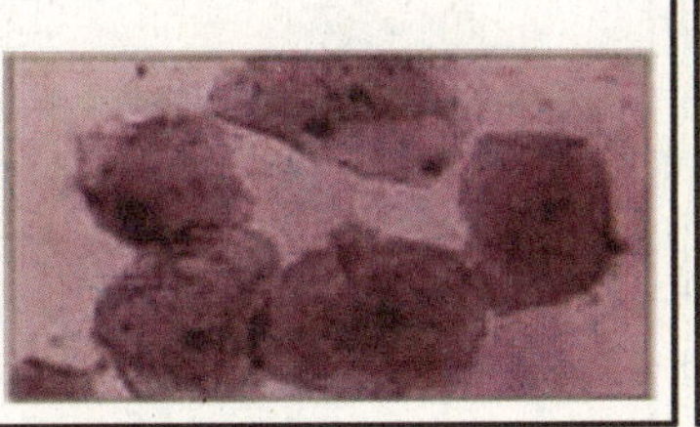

另外，通过这个实验我们还可以知道洋葱鳞片的表皮细胞和人类口腔的皮层细胞

都是由一个个酷似小房间的物质构成的。
真的耶……

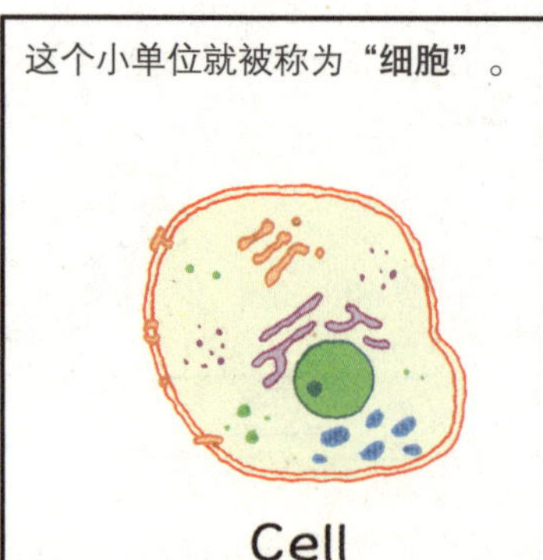
这个小单位就被称为“细胞”。
Cell

不过你不想知道为什么前面的实验都要准备两个标本，一个直接观察，一个则要染色之后再观察吗？

嗯……因为染色之后看得更清楚吧。
没错，细胞里面的核只有通过染色才能看得稍微清楚一些。

所以植物细胞要用红色的醋酸洋红溶液染色，

动物细胞要用蓝色的亚甲蓝溶液来染色之后，这样做实验的时候才能够观察得更加清楚。

啊！在这里有一点要注意的是，不同的教科书上讲的染色步骤有可能是不同的。
是吗？

有的是先染色，然后再盖上盖玻片，

有的则是在盖上盖玻片之后再染色。
要像这样用滤纸吸收染色剂……

所以在学校做实验的时候，一定要记清楚实验的步骤。

因此构成生物身体的细胞根据生物种类的不同，细胞的大小和形状也会有所不同，

而且即使是同一种生物，不同部位的细胞也是不尽相同的。

这个名为“细胞”的家伙大部分个头都很小，需要用显微镜才能观察得到……

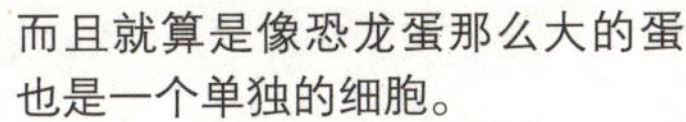

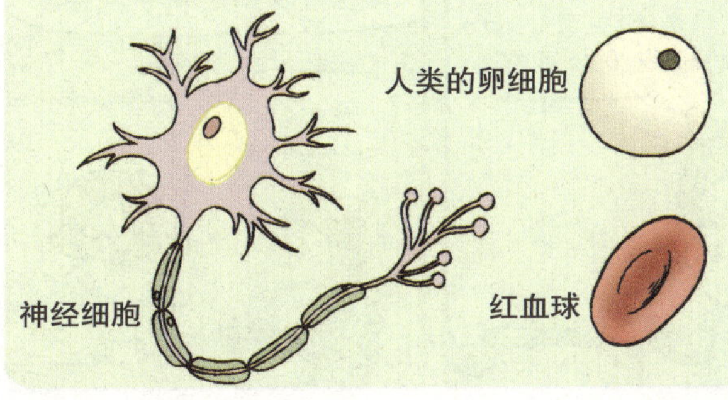

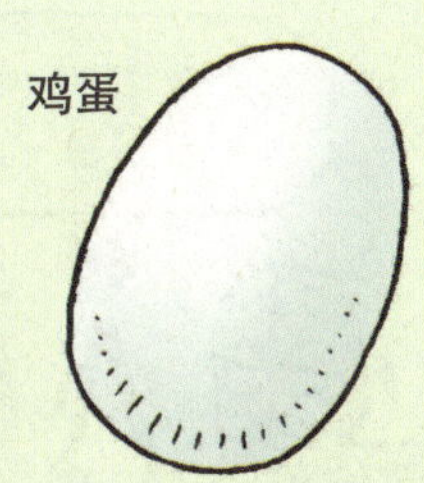

现在你知道了吧？细胞的形状、大小以及功能都是各自不同的。

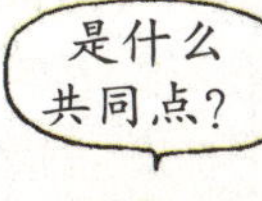

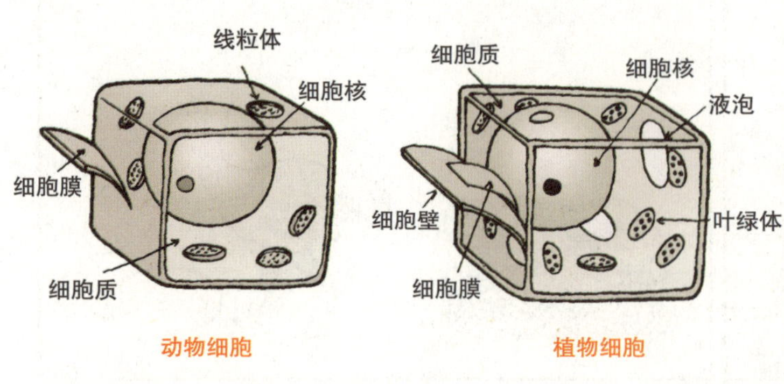
线粒体
细胞核
细胞膜
细胞质
动物细胞
细胞质
细胞核
液泡
细胞壁
叶绿体
细胞膜
植物细胞

如图所示，无论是动物细胞还是植物细胞中间都有一个
线粒体
细胞核
细胞膜
细胞质
动物细胞

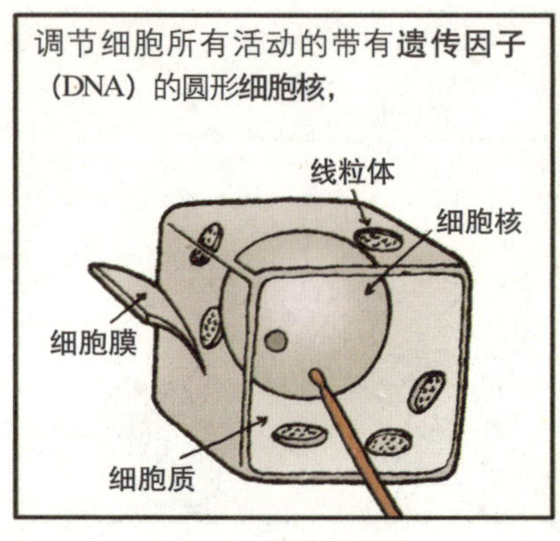
调节细胞所有活动的带有遗传因子（DNA）的圆形细胞核，
线粒体
细胞核
细胞膜
细胞质

细胞核的周围有线粒体等各种细胞器。
这种物质被称为细胞质。
线粒体
细胞核
细胞膜
细胞质

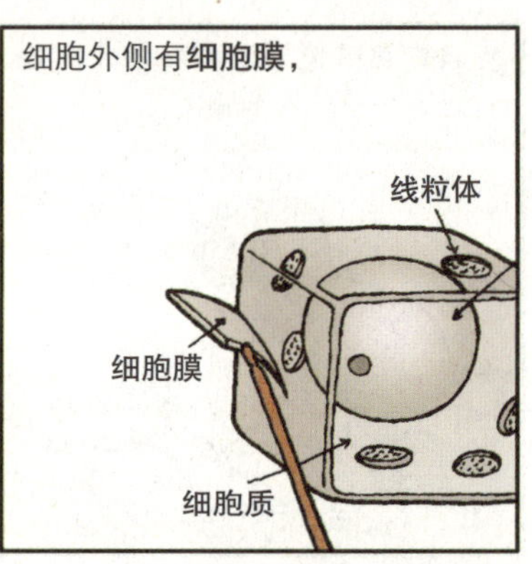
细胞外侧有细胞膜，
线粒体
细胞膜
细胞质

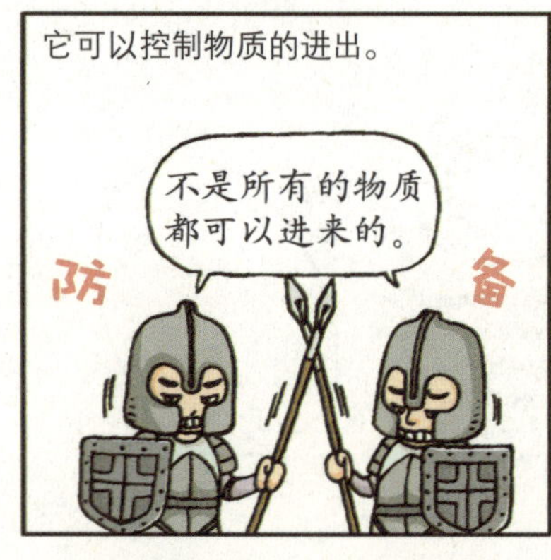
它可以控制物质的进出。
不是所有的物质都可以进来的。
防
备

但是从上面的图看来，有些细胞器植物细胞有，而动物细胞却没有。

没错，细胞壁和叶绿体是只在植物细胞中才存在。
哦哦！

细胞壁是位于细胞膜外侧的结实的墙壁，
它可以起到维持细胞形态和保护细胞的作用。

液泡是用于储存细胞在活动过程中产生的废物、有机酸、色素等的地方。成熟的植物细胞中含有液泡。
这里面储存了废物、有机酸还有色素？

最后，叶绿体是呈绿色的小颗粒，里面含有一种名为叶绿素的色素，

叶绿体利用太阳光把水和二氧化碳变成葡萄糖的过程称为“光合作用”。
它能够利用太阳光制造淀粉等营养成分。
利用阳光产生微弱的电流。往空气和水中释放碳和氧气，产生糖分，
再把糖分转化为淀粉储存起来。

这就是所谓的“光合作用”啦。

等一下……多茵姐姐，那么动物细胞就没有自己特有的细胞器吗？
你偶尔还是会提一些高智商的问题嘛。

动物细胞有一种名为“中心体”的细胞器，不过这个你只用稍微知道一下就可以了。

另外，动物细胞和植物细胞都含有的细胞质，
摇晃
一般情况下，呼吸作用越强的细胞细胞质的含量也就越高。

我们可以把它比喻成“生产能量的发电站”。

在这种类型的细胞结构中体现生命活动的细胞核和细胞质被称为“原生质”，
啪

通过原生质的活动产生的物质，且不进行生命活动的细胞壁和液泡等被称为“后成质”。

细胞核、细胞质、原生质、液泡……又是一大堆要背的东西。
颤
抖

现在知道了吧，只要这些细胞聚集在一起就能够成为一个生物了。
等一下。

不是还有一种叫作“单细胞生物”的东西吗？它们应该是不一样的吧？

2）单细胞生物和多细胞生物

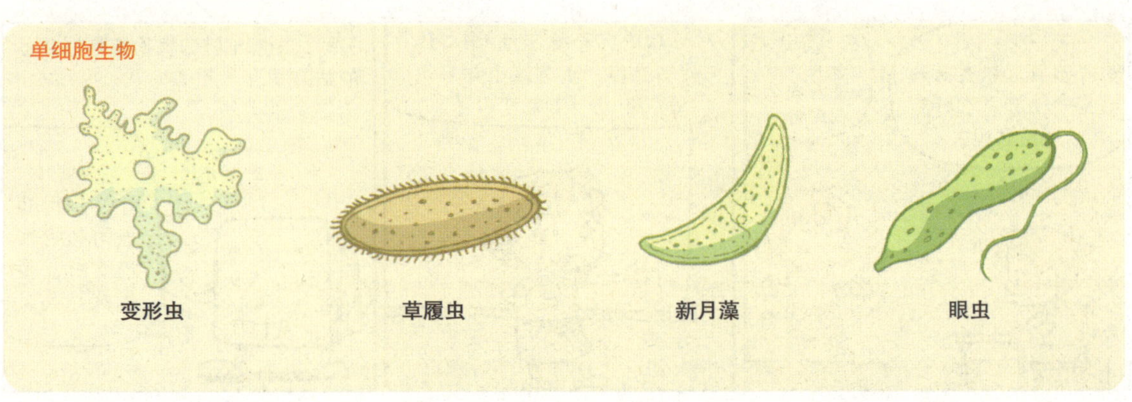

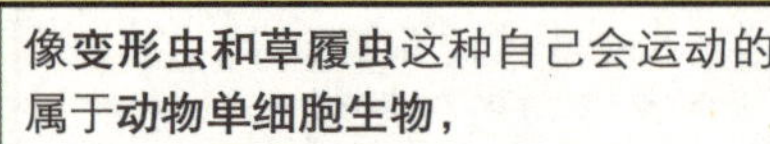

就像很多学生聚集在一起形成了班级，班级聚在一起又形成了年级，

年级再聚在一起就形成了学校一样……

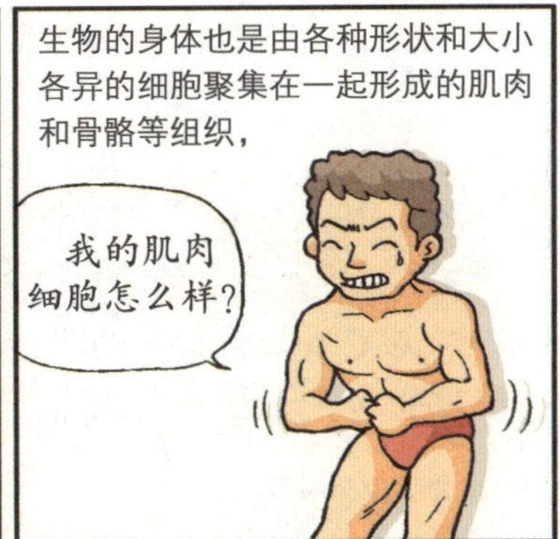
生物的身体也是由各种形状和大小各异的细胞聚集在一起形成的肌肉和骨骼等组织，
我的肌肉细胞怎么样？

这些细胞聚集在一起还形成了肝、心脏、腿、手臂等器官，最终才有了我们的身体。

但是植物的情况和动物的就不太一样了。

你知道植物一共有几个器官吗？
这……这个嘛。

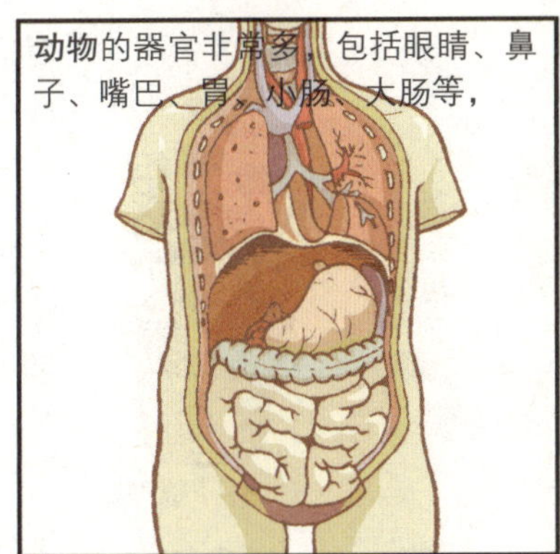
动物的器官非常多，包括眼睛、鼻子、嘴巴、胃、小肠、大肠等，

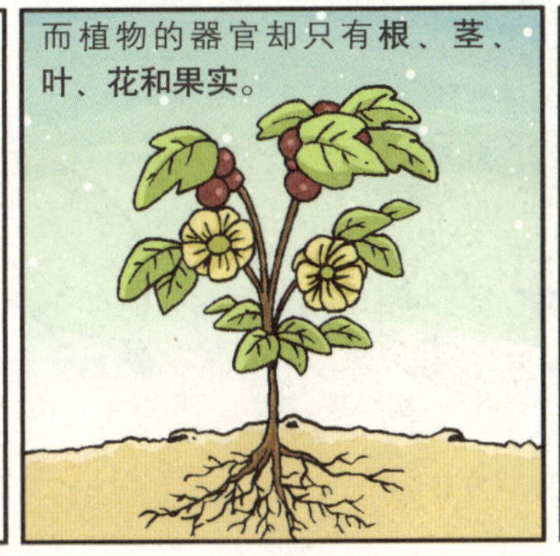
而植物的器官却只有根、茎、叶、花和果实。

因此动物不同于植物，它的构成阶段分别是细胞→组织→器官→器官系→个体，并拥有由器官组成的器官系。

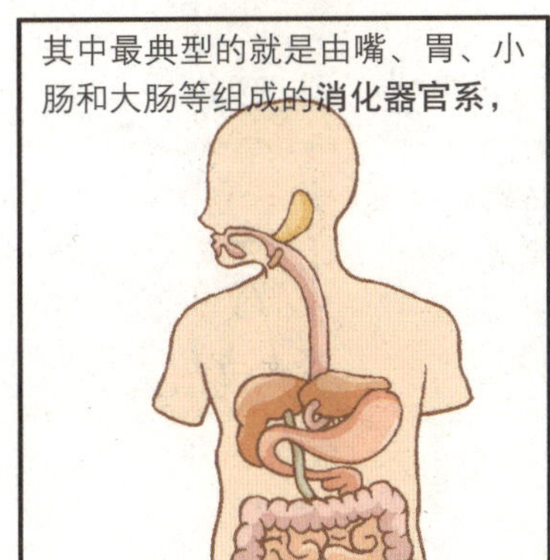
其中最典型的就是由嘴、胃、小肠和大肠等组成的消化器官系，

以及由心脏、血管等组成的循环器官系。
我必须努力工作。

虽然植物没有器官系，但是它们有相当于动物器官系的组织系。
组织？

其中“**维管束系**”就是非常具有代表性的组织系，

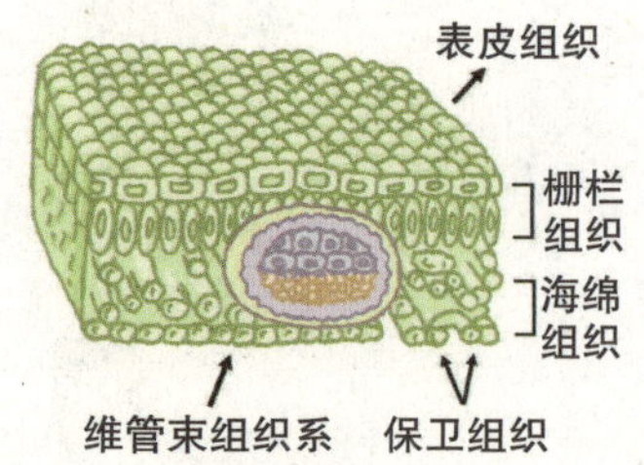

它是由导管和筛管等组织聚集在一起形成的植物运输物质的路径。

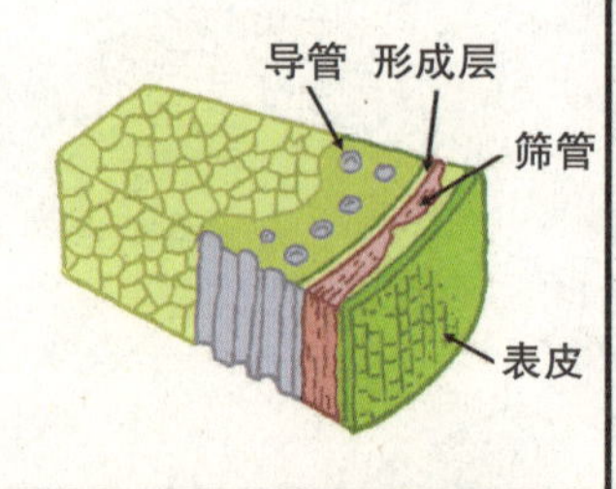

如第一幅图中描述的那样，表皮组织是由表皮细胞组成的，栅栏组织是由栅栏细胞组成的，

栅栏？

导管-运输根部吸收的水的通道
筛管-运输叶片制造的养分的通道

即有的组织是由形状和功能相同的细胞组成的，

但也有像维管束组织系，**这样由两种以上的功能类似但种类不同的细胞组成的组织。**

那么按你讲的植物的构成阶段就是**细胞→组织→组织系→器官→个体**咯？

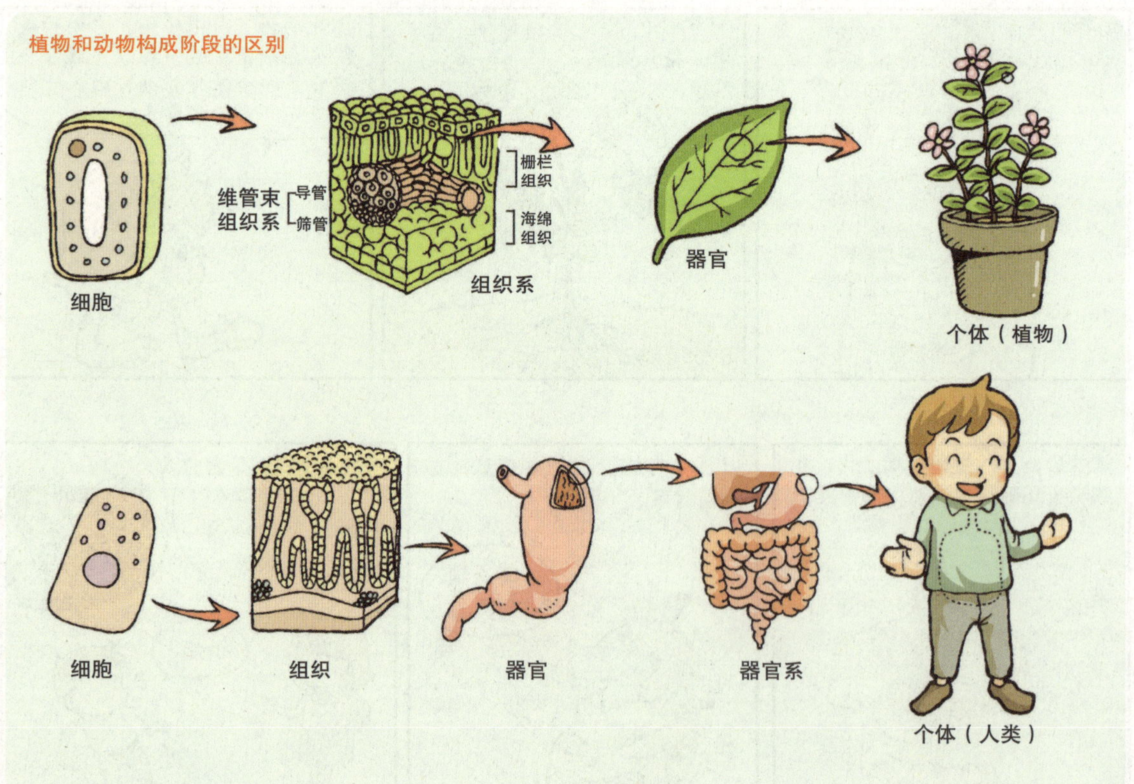

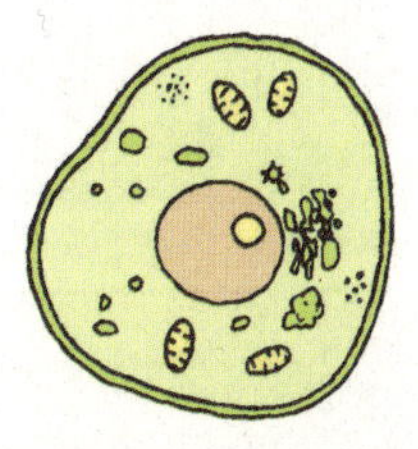
现在我们已经知道了细胞是构成生物的最小单位，

还有生物究竟是如何构成的。
呀吼，那今天的课就上到这里咯？
哇啊

你以后到底打算怎样啦，怎么会这么讨厌学习？
哎呀呀！我的脸！

那么最后我们再来解答一个看似简单实际很复杂的问题。
切！

大象的块头为什么比老鼠的大？
啷啷
啊？

那肯定是因为大象的细胞比较大呗。
我就知道你会这样说。
哎呀

如果按你说的大象的细胞大到那种程度的话，那我们用肉眼应该就可以看到才对吧。
是……是这样吗？

那该是多么可怕的事情啊。
妈呀，怪……怪物。

某一种生物看起来块头很大的原因是因为它的细胞数量相对较多。
那我们身体的细胞数量是……

原因是……这样细胞能够更加高效地活动。这个在后面还会详细地学到。

切，肯定是姐姐也不知道，所以才说不明白的吧？
愤怒

你竟然对老师无礼！
啊，不要打了啦。

生物的构成

· 细胞
· 单细胞生物和多细胞生物
· 生物体的构成

1) 细胞

细胞	构成所有生物体的基本单位。	
细胞的构造	原生质	细胞核 —— 含有遗传因子（DNA），调节细胞的生命活动。
		细胞质 —— 除了细胞核以外的物质，内含有细胞器（线粒体、叶绿体等）。
		细胞膜 —— 包裹在细胞之外的薄膜，控制细胞的物质进出。
	后成质	液泡 —— 储存代谢废物的场所。（细胞越成熟则越发达）
		细胞壁 —— 位于细胞膜外侧的坚实的外壁。
	植物细胞	动物细胞
	细胞质、细胞核、液泡、细胞壁、叶绿体、细胞膜	线粒体、细胞核、细胞膜、细胞质
	有细胞壁和叶绿体，且会形成液泡。	没有细胞壁和叶绿体。

2) 单细胞生物和多细胞生物

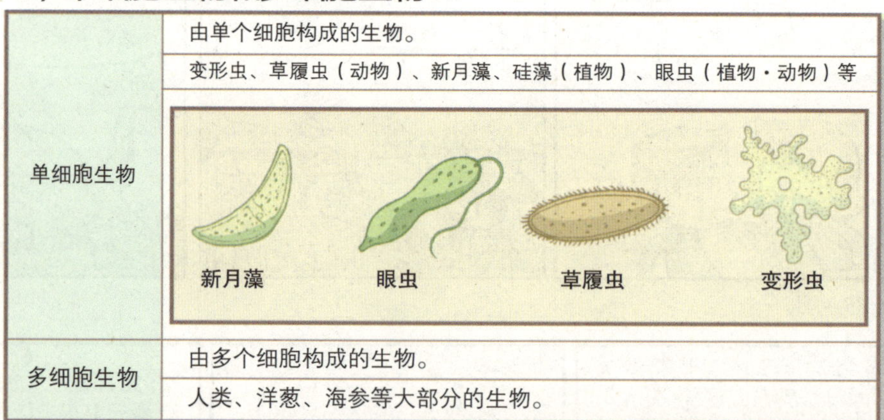

单细胞生物	由单个细胞构成的生物。
	变形虫、草履虫（动物）、新月藻、硅藻（植物）、眼虫（植物·动物）等
	新月藻　眼虫　草履虫　变形虫
多细胞生物	由多个细胞构成的生物。
	人类、洋葱、海参等大部分的生物。

3) 生物体的构成

细胞→组织→（组织系）→器官→（器官系）→个体	
组织	由结构和功能相似的细胞组成。
组织系	由多个组织构成，具备一定的功能。☞ 植物的构成阶段
器官	由各种不同的组织组合而成，具备特定的功能。
器官系	由功能相似的器官组成。☞ 动物的构成阶段
个体	拥有各种不同的器官，能够完成生命活动的独立生命体。

植物的构成阶段

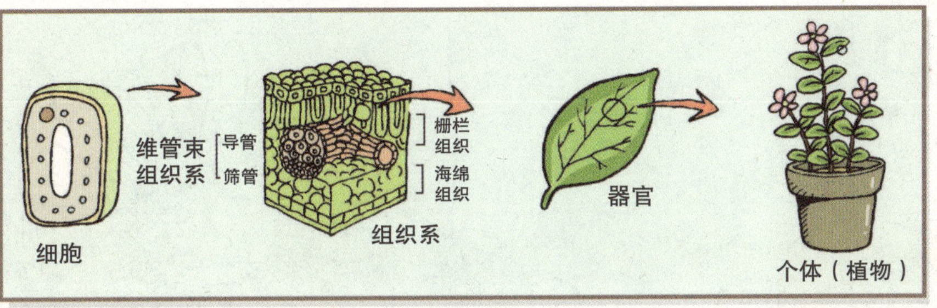

动物的构成阶段

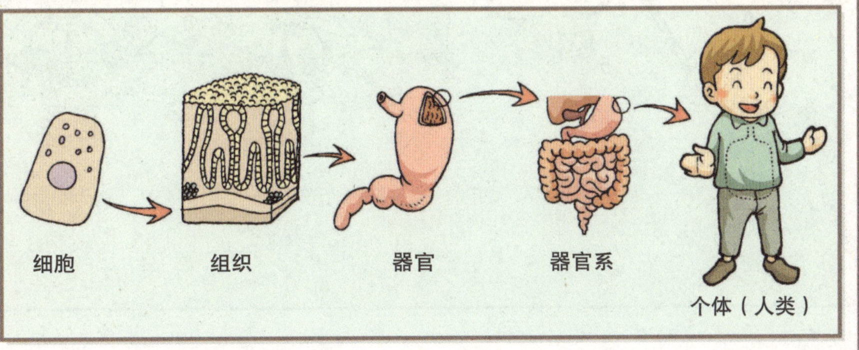

Ⅱ. 植物的结构与功能

进入单元学习

到底是谁竟敢摧残我最爱的花坛里的花……
刚才硕基好像在附近踢球来着。

您说什么？硕基？
咻
不要说是我告的状啊。

申硕基这家伙，我绝对不会原谅他的！
呃啊啊啊

怎……怎么回事？姐姐为什么那么激动？

我看我还是先回家……
小心
翼翼

出现……
嗯？

哼
哼
诶咦咦！

求求你就原谅我吧，多茵姐姐……

痛苦

没得商量。除非你露出真心悔改的表情，否则你就要一直受罚。

不过是摘了几朵破花而已，至于这么折磨你的弟弟吗？
几朵破花？

在地球上生存的所有生物当中，植物有40多万种……

重量足足可以达到10000吨，不觉得很吃惊吗？
10,000t

而且最重要的是如果没有植物，我们都会饿死。

我知道吃蔬菜和水果对身体好，但是没有就吃肉呗。

你个笨蛋，没有植物的话，所有的草食类动物都会消失。
呃啊！
哎呦

紧接着肉食类也会因为没有食物而消失，你觉得人类还能吃什么呢？
难道恐龙就是因为这个而灭绝的吗？

现在知道了吧？对地球上所有的生物而言，植物的存在是不可代替的。

这样听来植物确实非常重要啊。
还有更厉害的呢……

所有的生物都是直接或者间接从植物身上获取食物的，

但是大部分的植物生存所需要的养分都是靠自身利用太阳光制造出来的。

等一下，这样看来今天的生物课就要开始了吗？
谁让你偷偷把花盆放下来的……

好吧，为了让你对植物产生发自内心的敬意，今天就让姐姐我给你好好讲一讲植物吧。
嘻嘻

1. 根

在植物器官中，根、茎、叶被统称为植物的“营养器官”。

这些营养器官在植物的生长和生存过程中起到了非常重要的作用。

下面我们就来详细了解一下这三个分别负责吸收、运输和制造有机物的营养器官吧？

1) 根的形态和构造

如果没有根，植物很难正常地生存下去。

首先，根起到了最基本的支撑作用，让植物直立成长防止植物倒下。
唰啊

植物的根大多生长在地下，因此在地面上很难观察到植物的根。
那就拔出来观察。

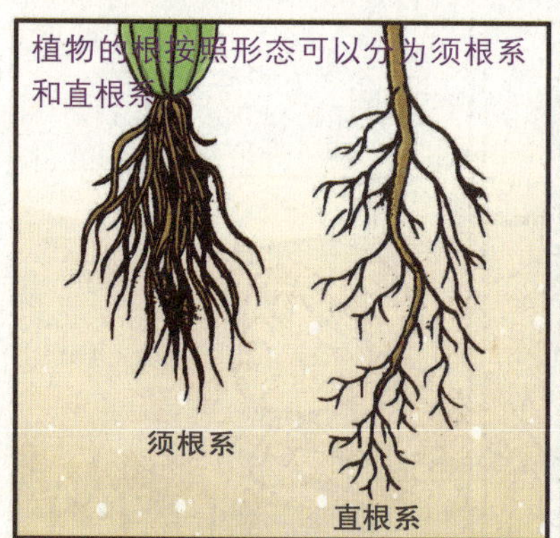
植物的根按照形态可以分为须根系和直根系
须根系
直根系

我们来观察一下葱的根部。
你从哪儿弄来的葱？

把水稻和葱这种叶片狭窄，叶脉为平行脉的植物拔出来观察

会看到像第一幅图中一样粗细和长度都非常相似的须根系。

蕨菜之类的蕨类植物的根也是如此。但是……

像蒲公英和凤仙花这种叶片较宽，叶脉为网状脉的双子叶植物，

以及像松树或银杏树之类的裸子植物的根

都是像第二幅图中所示的一样，是由粗壮的主根和纤细的侧根组成的直根系。
啊……

由此可知，蕨类植物和被子植物中的单子叶植物的根多为须根系，

而裸子植物和被子植物中的双子叶植物的根则为直根系。
但如果从其他角度对根进行分类的话。

按照根的形态和功能可以分为从植物的茎上长出的，可以攀附在其他物体上的根称为攀援根，例如爬山虎。

生长在其他植物茎秆或枝干上，直接吸收其他植物营养的根称为寄生根，例如槲寄生。
我们是需要寄生在其他植物身上的半寄生生物。

生长在植物茎的基部节上，深入土壤中并起到支撑作用的根称为支持根，例如玉米。

还有生长在水中吸收水和养分，

同时防止水生植物翻倒在水中，保持植物平衡的根称为水生根，例如浮萍、水葫芦。
呱呱！

生活在黏土或沼泽中的植物，生长到水面上能够进行呼吸的根称为**呼吸根**。

还有生长在主干上吸收空气中水分的根被称为气生根的**变态根**。

等……等一下。这些难道都是要背下来的吗？
当然了。

另外，番薯和萝卜的根跟其他植物的根比起来要粗很多，你知道这是为什么吗？

那是因为番薯和萝卜只能把营养成分储存在根里。
啊，你只给自己吃啊？
呼~
呼~

那么番薯、土豆和萝卜的根都是同一种类的吗？
不是的，土豆不是储藏根，而是**储藏茎**。

这个问题比较容易混淆，但是区分土豆和番薯的题目在考试中经常出现，因此一定要记牢哦。

虽然不同种类植物的根外观上看起来都不太一样，但是如果仔细观察根的顶端就会发现，它们的结构基本上是相同的。

首先我们来观察一下根的横截面和纵截面吧？

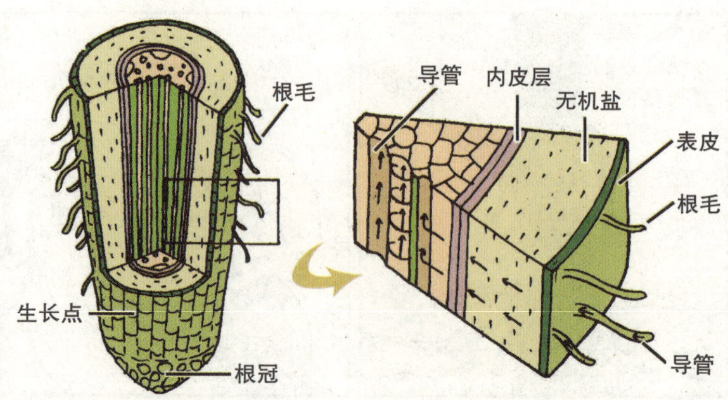
根毛
生长点
根冠
导管
内皮层
无机盐
表皮
根毛
导管

前面的图中最外侧的细胞叫作**表皮细胞**，它的主要作用是保护根部。
怎么都咬不穿啊。

在表皮细胞中向外突出的部分称为**根毛**，它是根用于吸收**水和无机盐**的地方。

但是要注意这里的根毛并不是由多个细胞组成的，而是**单个细胞**。

虽然只是一个单独的细胞，但是由于根毛细胞很长，也就是说它和泥土的**接触面非常大**。

因为这样就能够更加**高效地吸收水和无机盐**。

而且根毛的顶端只要稍微一有磨损就会立刻长出新的来。
就像我的牙齿一样吗？

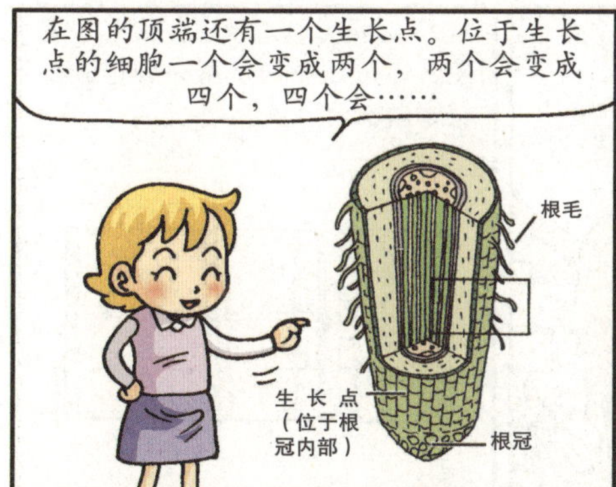
在图的顶端还有一个生长点。位于生长点的细胞一个会变成两个，两个会变成四个，四个会……
根毛
生长点（位于根冠内部）
根冠

以这样的形式持续进行**细胞分裂**，通过**细胞数量的增加**实现植物的成长。

动物是身体整体的生长，但是植物却不是如此。
难道要我长成这样……
啪

植物的生长只发生在根顶端的**生长点**和茎顶端的**形成层**里。

保护生长点的**根冠**长得很像缝东西时用的顶针。

我们可以把它看作是保护根不受外部侵袭的卫士。

仔细观察根的横截面还可以看到一些类似管道形状的组织。

它就像连接根和叶的高度公路一样。

位于表皮细胞内侧的形状相同的细胞称为**“皮层”**，

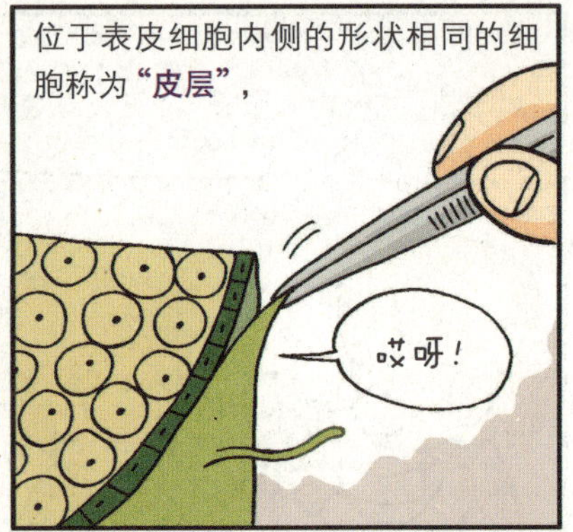

再往里是两层形状相同的细胞组成的**“内皮层”**，然后最里面的就是**“导管”**。

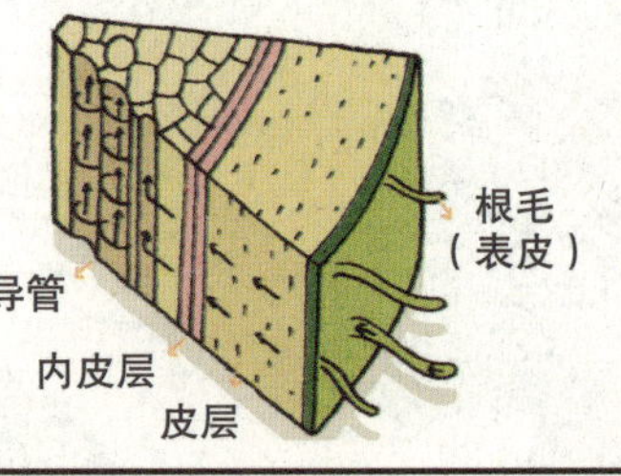

水和无机盐依次经过根毛（**表皮**）→**皮层**→**内皮层**→**导管**进入植物内部。

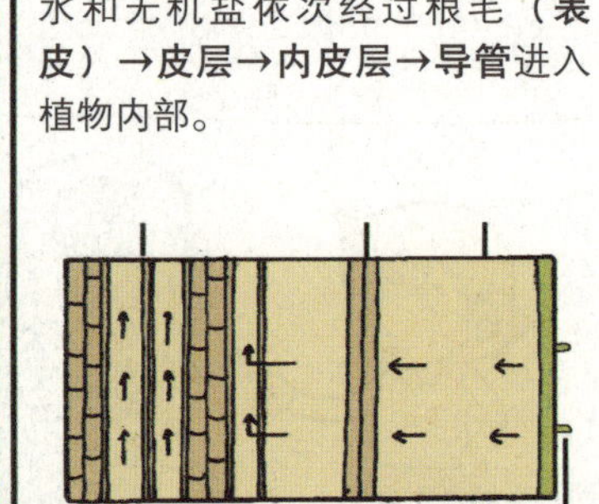

好了，如果根复杂的形态和构造已经掌握得差不多的话，那么我们就继续往下学习吧。

2)水和无机盐的吸收原理

过去人们认为植物和动物一样是吃食物成长的。

想的也不完全是错的嘛。

捕蝇草

但是如果不吸收水分的话，植物立刻就会枯萎。

准备材料：洋葱、盐水、醋酸洋红溶液、显微镜、载玻片和盖玻片、镊子、玻璃滴管、刀片、滤纸

啊，原来是要制作标本啊。

从显微镜上把标本拿下来，然后用玻璃滴管在载玻片的一侧滴几滴盐水，

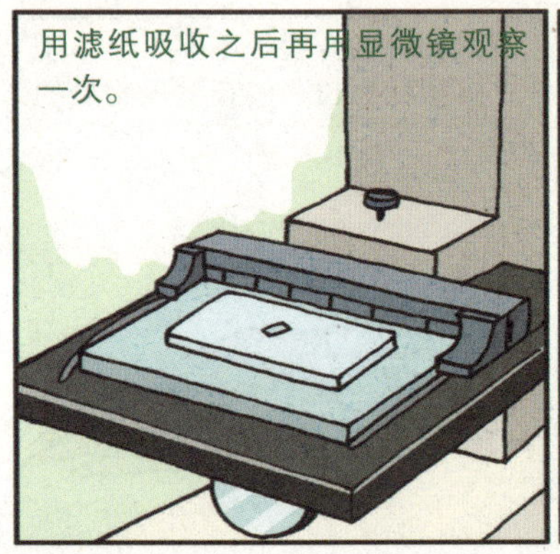

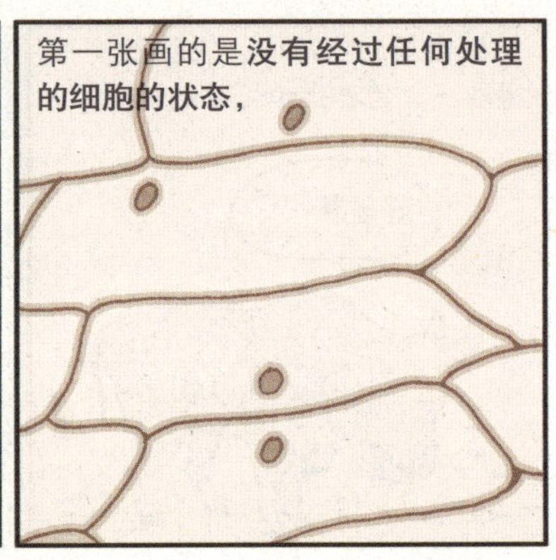

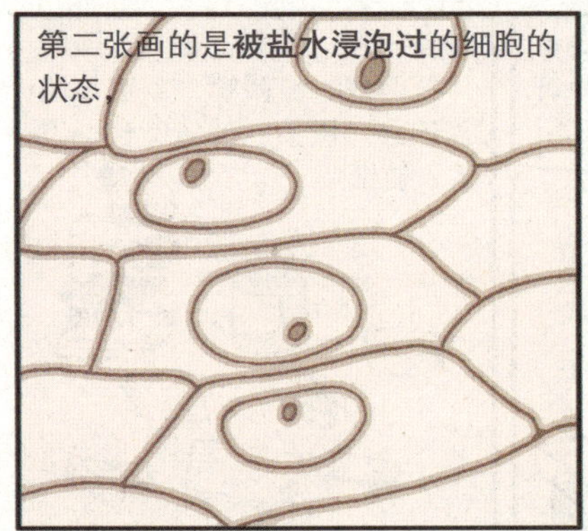

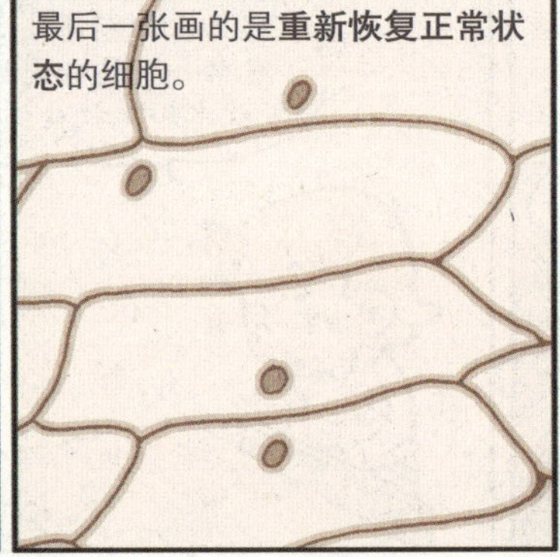

但是当**细胞被盐水浸泡**过后，细胞里的水分向外流失，**细胞膜就有可能和细胞壁分离开来**。

最后我们用清水浸泡过细胞之后，我们就可以看到**细胞恢复原状**。

这个实验就告诉我们一个原理叫作“渗透作用”。
渗透作用?

渗透作用是指水从浓度低的液体流向浓度高的液体的作用。
而水通过的就是细胞膜。
H2O

人们在腌泡菜的时候通常会用盐先渍一下。
盐

这利用的就是白菜内部的水分会从里面向外面的盐水中流动的渗透作用。

而植物的根就是利用这种原理从土壤中吸收水分的。

啊，也就是说根毛里液体的浓度比土壤中的浓度高咯……
没错。

根在吸收水分的同时，溶解在水中的各种无机盐也会一起被吸收进去。
一个不落地全都吸进来!

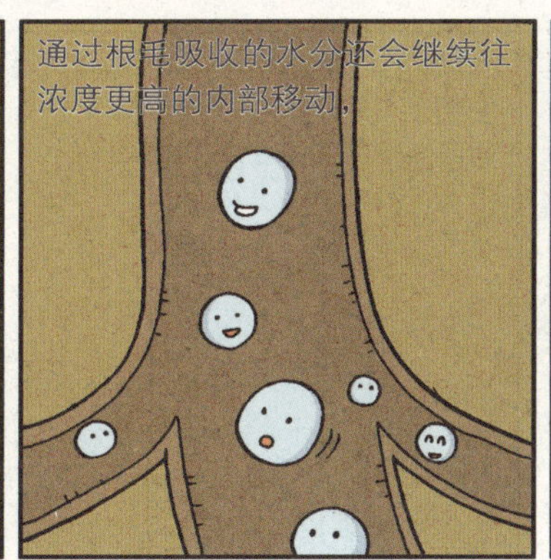
通过根毛吸收的水分还会继续往浓度更高的内部移动，

最终通过根里的导管运往植物的茎和叶。
咻~
什么都不做也会往上走呢。

不过水分并不是一直靠渗透作用被运输到叶片中的，这个问题我们在后面还会作详细的解释。
呃，我有提问过敏症。
如果你已经理解了根吸收水分的原理，那么我下面要提出的这个问题也就不难回答了。

如果给花坛或花盆中的植物施过多的肥料会发生什么情况呢?
啪
啪
肥料

3) 植物的组成成分和生长必需的物质

想要知道植物根部吸收了哪些营养成分，首先我们要弄清楚植物是由哪些成分构成的。

把干燥的植物叶片切碎放到试管中，

在另一个试管中放入最具代表性的无机物沙子，然后对两根试管同时进行加热。

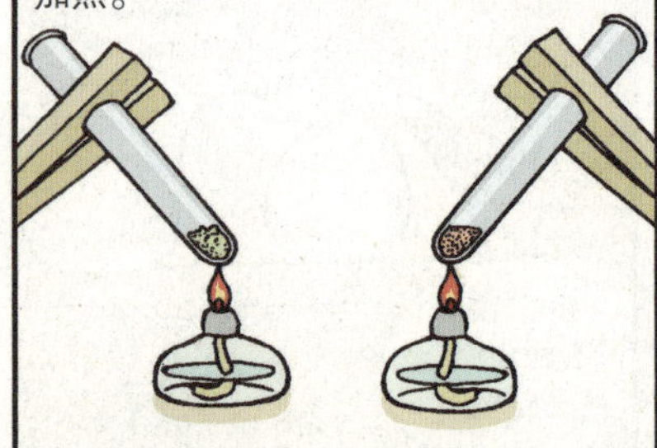

加热后，放有植物叶片的试管会冒出白烟后只留下一些残渣，但是放有沙子的试管却没有发生任何变化。

碳水化合物、脂肪、蛋白质等有机物都含有碳元素。

试管在火上加热时，冒出的白烟的成分就是碳元素啦。

而无机物中，除了二氧化碳或者一氧化碳这些物质以外一般都不含有碳元素。

那么植物的叶片在燃烧时，除了白烟以外，剩下的残渣里都是些什么物质呢？

白烟中有机物的成分是
碳（C），氢（H），
氧（O），氮（N）……。
呃啊。

啊啊，记元素符号
好麻烦啊， C…H…
还有什么来着？

那么试着这样来记忆。这些元素符号拼在一起是CHON，谐音像“村”，就记成是“村里来的！”
啊？

这样变成白烟的成分是
碳、氢、氧、氮
记起来就方便多了。

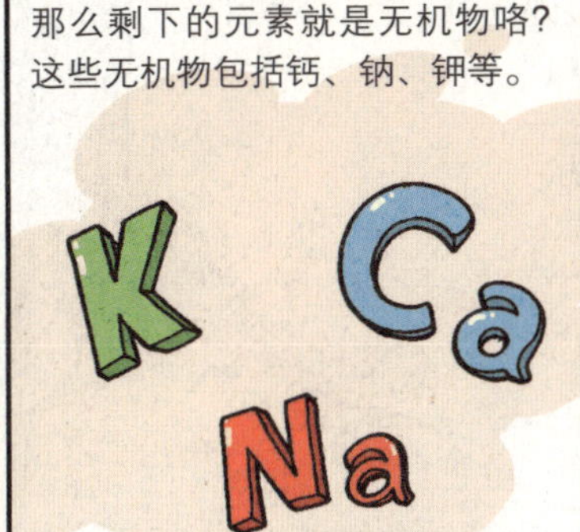
那么剩下的元素就是无机物咯？这些无机物包括钙、钠、钾等。
K
Ca
Na

好了，下面我们再了解一下根必须吸收哪些成分，植物才能够茁壮成长吧？

在无数的物质中，植物生长所必需的成分
也叫作
“必需生长元素”

我们可以通过水培法，即无土栽培技术来了解一下。

在干净的水中加入含有
各种无机盐成分的培养液
用来栽培植物，
插入…

用缺乏某一种无机盐成分的培养液栽培同样的植物，我们就可以看到那一种成分的功能和作用。

通过这样的实验我们
可以总结出植物的
“10种生长必需元素”，

这10种元素分别是碳（C），
氢（H），氧（O），氮（N），
硫（S），磷（P），铁（Fe），
钾（K），镁（Mg），钙（Ca）。

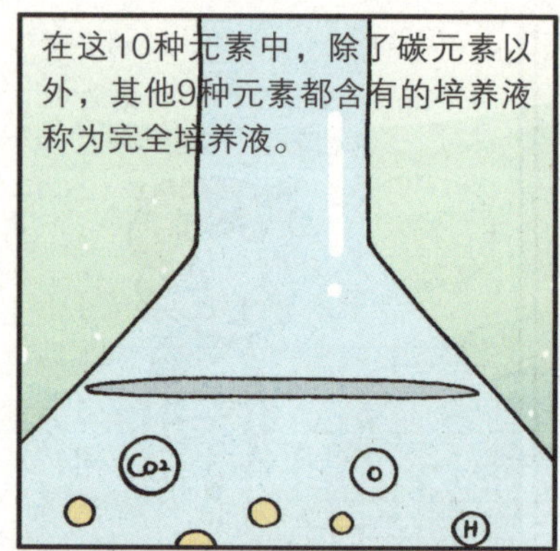
在这10种元素中，除了碳元素以外，其他9种元素都含有的培养液称为完全培养液。
CO_2
O
H

为什么要去掉碳元素呢？
因为碳（C）这种元素并不是通过根吸收的。

植物是通过叶吸收二氧化碳（CO_2），以分子形式来获得碳元素的。

剩下的9种元素中，氧气（O_2）同样是以分子状态通过叶吸收二氧化碳（CO_2），

和以水（H_2O）分子的形式通过根的吸收来获得。

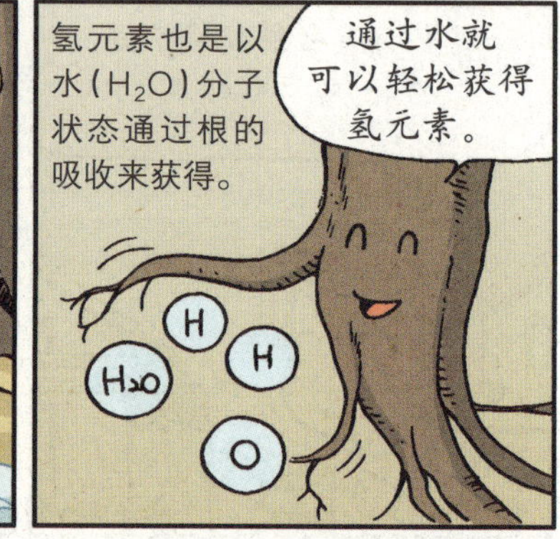
氢元素也是以水（H_2O）分子状态通过根的吸收来获得。
通过水就可以轻松获得氢元素。
H
H
H_2O
O

最后剩下的7种元素都是以离子的状态溶解在水中，通过根吸收水同时被吸收进来的。
搅拌

也就是说碳、氧、氢是以分子状态吸收的，而剩下的7种元素都是以溶于水的离子状态被吸收的。

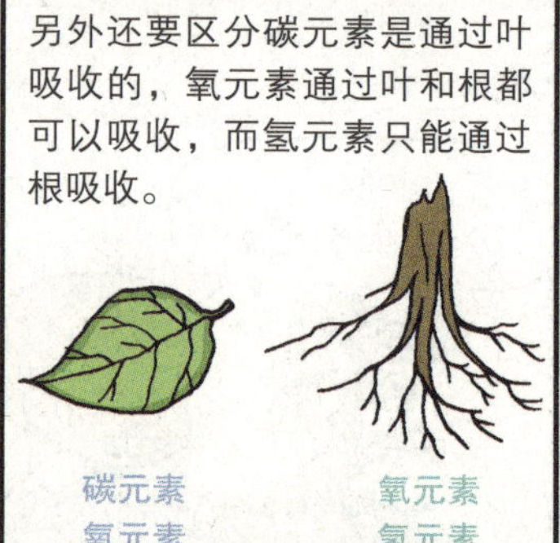
另外还要区分碳元素是通过叶吸收的，氧元素通过叶和根都可以吸收，而氢元素只能通过根吸收。
碳元素
氧元素
氧元素
氢元素

除了这10种元素符号以外，还有一点也是必须记住的。
呃，10种什么时候能背完呀？
呃

“村（CHON）里来的刘美林（S,Mg,P），铁（Fe）了心要嫁（K）给比尔盖（Ca）茨！”你可以试试像这样来记元素符号。

啊，我们班真有一个女同学叫刘美林呢……
哈哈，真的吗？

总而言之，在这些必需元素中只要缺少其中一种元素，栽培出的植物就会产生**缺素症状**。

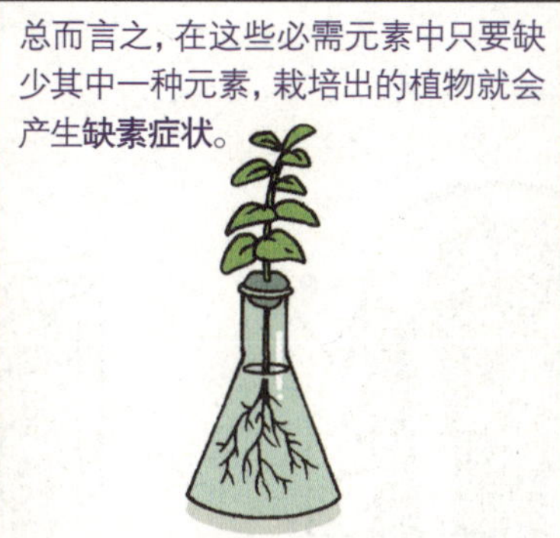

通过实验我们可以知道如果缺乏氮（N），由于无法合成蛋白质，植物会出现生长不良的情况。

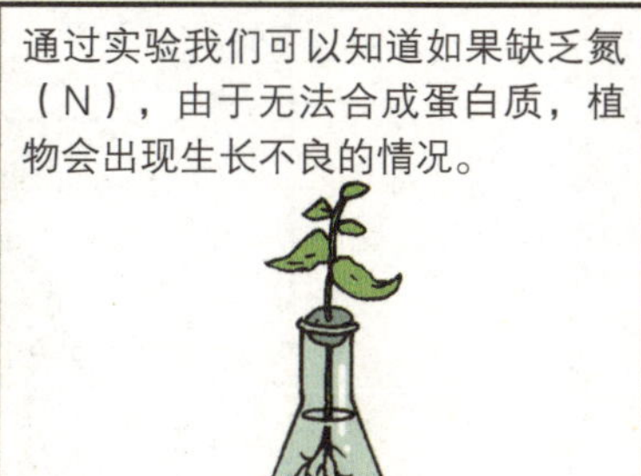

缺乏磷(P)植物将无法结出果实。

缺乏钾（K）植物会出现生长不良的现象，并且叶片上会出现褐色斑点。

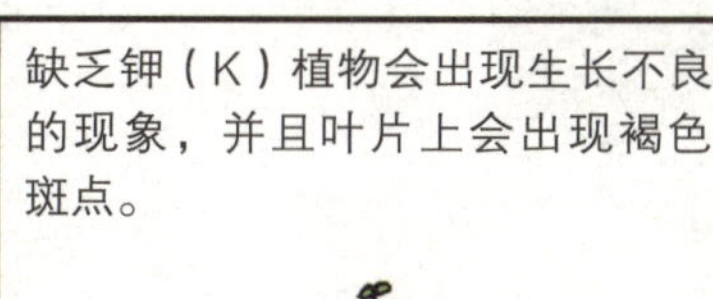

另外，缺乏镁（Mg）和铁（Fe）植物会出现叶片变黄的黄化现象。

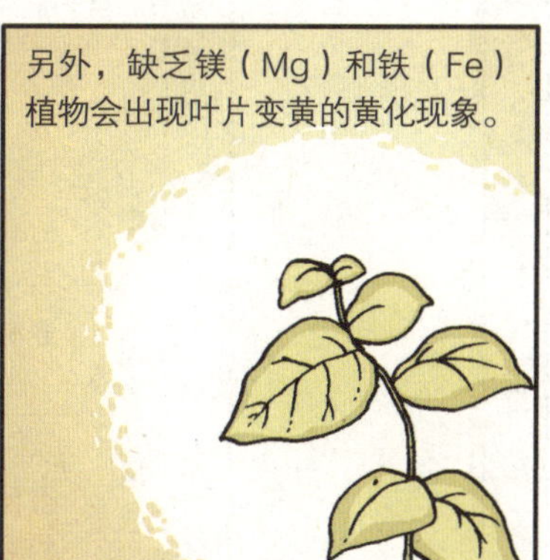

需要人工供给，因此它们被合称为**“肥料的三要素”**。

01 根

· 根的形态和构造
· 水和无机盐的吸收原理
· 植物的组成成分和生长必需的物质

1) 根的形态和构造

	直根系	须根系
种类	由笔直的主根和许多侧根组成的根系。 双子叶植物（凤仙花、蒲公英、向日葵、桃树等）与裸子植物（松树、银杏树、苏铁等）。	不区分主根和侧根，须根长度相似的根系。 单子叶植物（大麦、玉米、狗尾草、洋葱、百合等）和蕨类植物（蕨菜等）。

构造	纵截面		横截面	
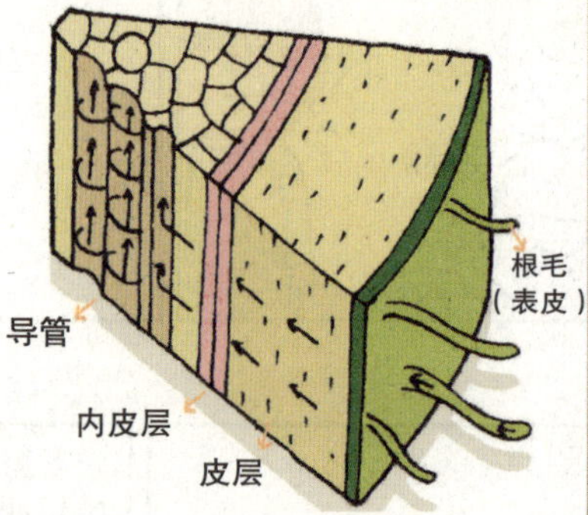	根毛	由一个表皮细胞伸长变形而成。与土壤接触的面积大，能够更有效地吸收水和无机盐。	表皮	位于最外侧的一层细胞，用于保护内侧的细胞。
	生长点	细胞分裂活跃，制造新细胞的部位。	皮层	位于表皮内侧的多个细胞层。
			内皮层	位于皮层最内侧的一个细胞层。
	根冠	由死细胞组成，用于保护生长点。	维管束 导管	运输根毛吸收的水和无机盐的通道。
			维管束 筛管	运输叶片制造的有机养分的通道。
			维管束 形成层	细胞分裂活跃，制造新细胞的部位。 单子叶植物没有形成层。

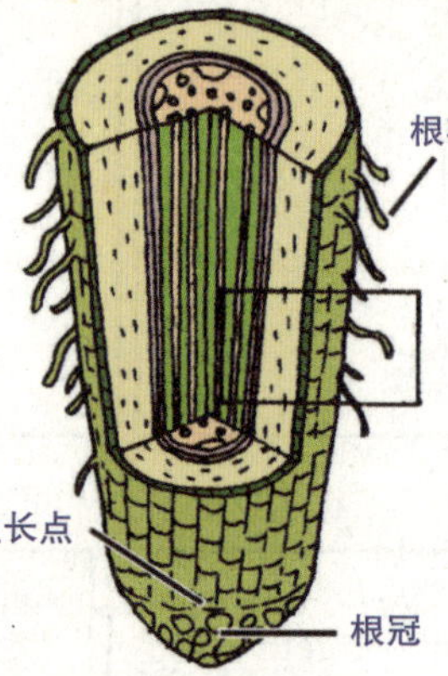

2) 水和无机盐的吸收原理

渗透现象	以半透性膜为界，当膜两侧溶液浓度不同时，“低浓度”→“高浓度”移动的现象。
吸收原理	根毛细胞内部的溶液浓度高于土壤内溶液的浓度，因此水会被根毛所吸收。
水的运输	土壤→根毛→皮层→内皮层→导管
渗透现象举例	给花盆里的植物施过多的肥料会导致植物枯死。 ☞ 土壤中溶液的浓度提高，植物体内的水分向土壤中流失。

3) 植物的组成成分和生长必需的物质

<table>
<tr><td rowspan="5">植物的组成成分</td><td colspan="4">灰分测定法 —— 对燃烧干燥的植物时产生的烟雾和残渣进行分析的方法。</td></tr>
<tr><td colspan="2">烟雾成分</td><td colspan="2">残渣成分</td></tr>
<tr><td colspan="2">碳、氢、氮、氧</td><td colspan="2">硫、磷、镁、钙、钾等</td></tr>
<tr><td rowspan="2">植物的组成成分</td><td colspan="3">有机物 —— 含有碳元素的物质加热后会产生烟雾（如碳水化合物、蛋白质、脂肪等）。</td></tr>
<tr><td colspan="3">无机物 —— 加热也不会燃烧的物质（如水、无机盐、沙子等）。</td></tr>
<tr><td rowspan="11">植物生长必需的物质</td><td rowspan="2">无土栽培</td><td colspan="3">用包含所有植物生长所必需的无机盐的完全培养液和缺少特定成分的培养液对植物进行栽培（水培法）。
通过这样的方法了解植物生长必需元素的种类、功能和相应的缺素症现象。</td></tr>
<tr><td colspan="3">克诺普液 —— 在植物生长所必需的10种元素中，除碳元素以外的完全培养液。（因为碳元素是以二氧化碳的分子形态通过叶片上的气孔吸收的。）</td></tr>
<tr><td rowspan="4">必需元素缺素症</td><td>钙</td><td colspan="2">生长不良，褐色斑点。</td></tr>
<tr><td>磷</td><td colspan="2">无法结出果实。</td></tr>
<tr><td>镁</td><td colspan="2">叶片变黄（叶绿素的组成成分）。</td></tr>
<tr><td>铁</td><td colspan="2">叶片变黄（形成叶绿素时必备的成分）。</td></tr>
<tr><td rowspan="4">吸收方式</td><td rowspan="3">分子状态</td><td>碳</td><td>以二氧化碳的形态通过叶片上的气孔吸收。</td></tr>
<tr><td>氢</td><td>以水的形态通过根毛吸收。</td></tr>
<tr><td>氧</td><td>以二氧化碳和水的形态分别通过叶片的气孔和根毛进行吸收。</td></tr>
<tr><td>离子状态</td><td colspan="2">植物生长必需的10种元素中，除了碳、氢、氧以外其余的元素都是以溶于水的离子状态通过根进行吸收的。</td></tr>
</table>

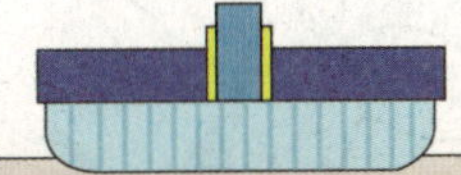

2. 茎

1) 茎的构造

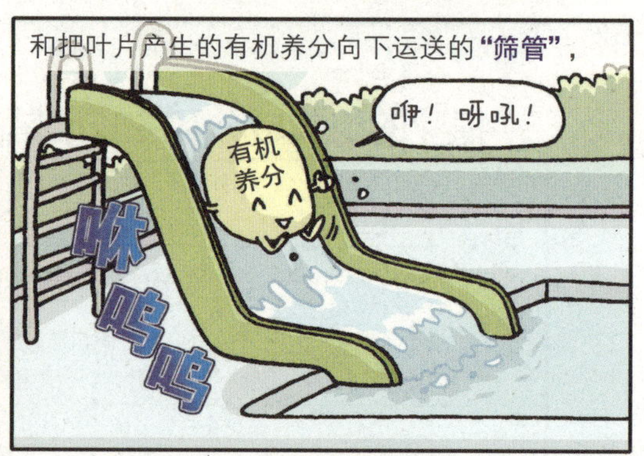

※形成层：仅双子叶植物和裸子植物含有。

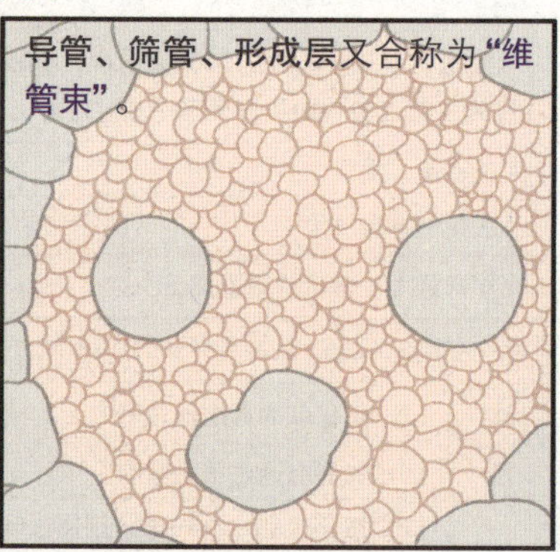

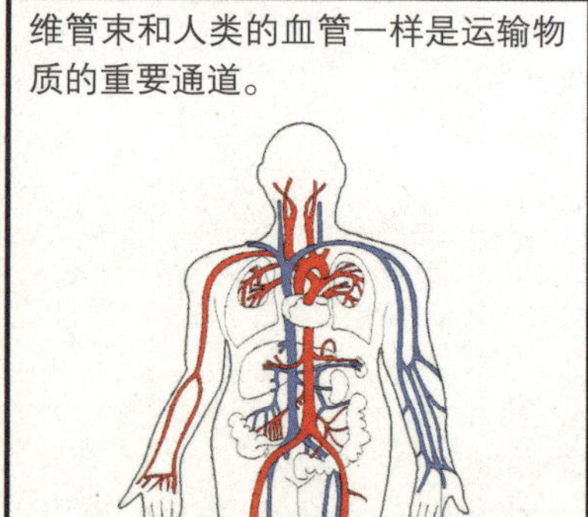

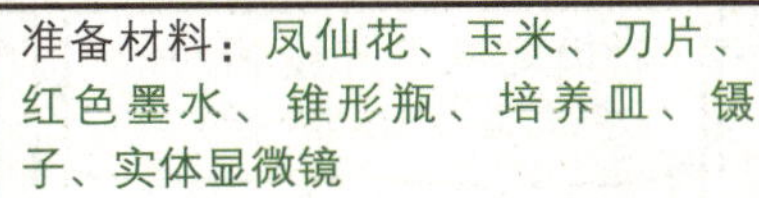

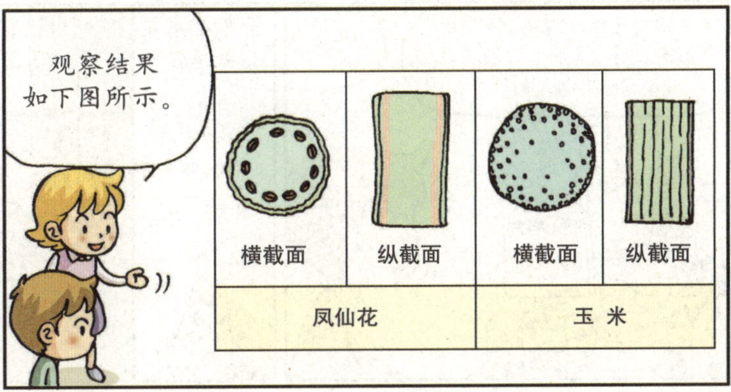

横截面	纵截面	横截面	纵截面
凤仙花		玉 米	

从图中的横截面可以看到，凤仙花的形成层内侧有呈圆形的规则排列的导管，

筛管
形成层
导管

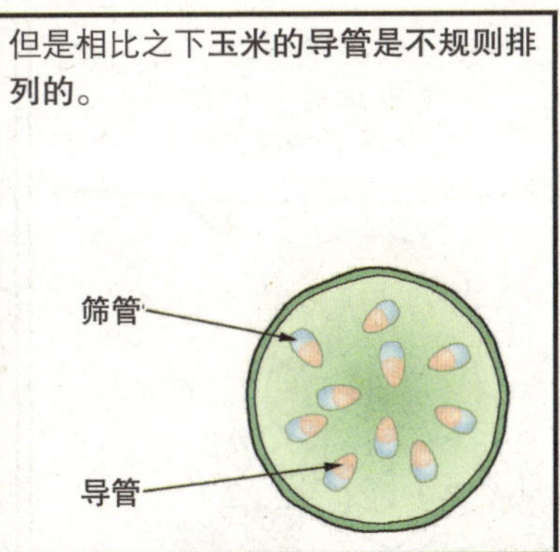

从纵截面来看，凤仙花的导管只有两条位于两侧，但玉米的纵截面上却可以看到多条分散的导管。

原因是双子叶植物的维管束是规则排列的，

它以负责生长的形成层为界，形成层的外侧是筛管，内侧是导管。
那么单子叶植物呢？

单子叶植物的维管束是不规则排列的，而且没有形成层。
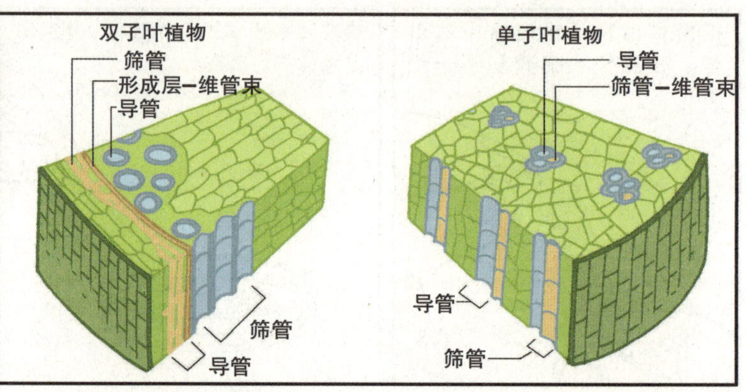
双子叶植物
筛管
形成层—维管束
导管
筛管
导管
单子叶植物
导管
筛管—维管束
导管
筛管

正是因为这两者的导管和筛管在形态上存在差异，才会出现与刚才实验中相同的结果。
嗯嗯。
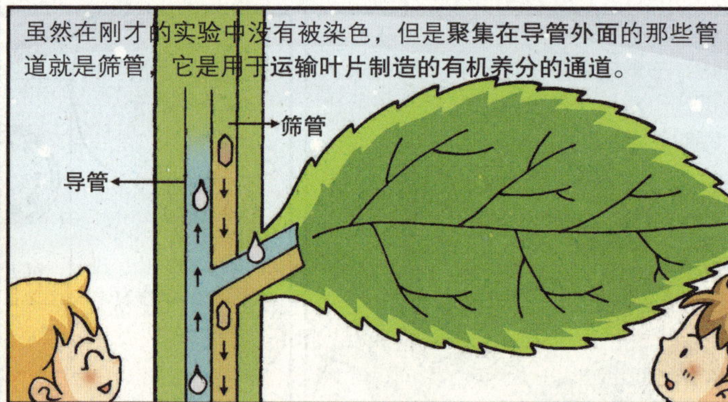
虽然在刚才的实验中没有被染色，但是聚集在导管外面的那些管道就是筛管，它是用于运输叶片制造的有机养分的通道。
筛管
导管

导管壁比筛管壁厚，细胞之间没有细胞壁的阻隔，呈管道状互相连接。
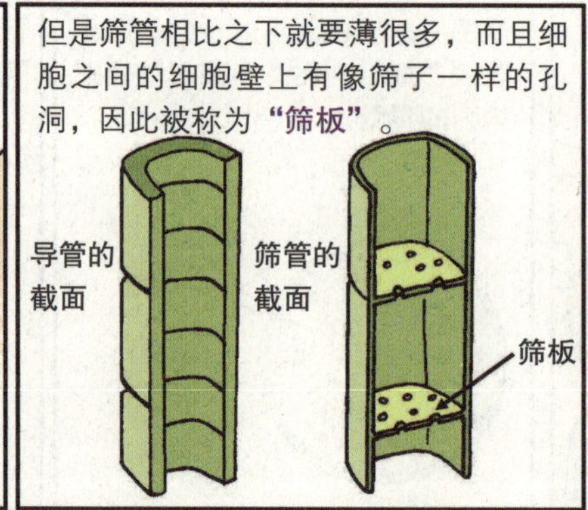
但是筛管相比之下就要薄很多，而且细胞之间的细胞壁上有像筛子一样的孔洞，因此被称为“筛板”。
导管的截面
筛管的截面
筛板

就是这里。
啊……

※不同点 形成层：体积增长
生长点：长度增长

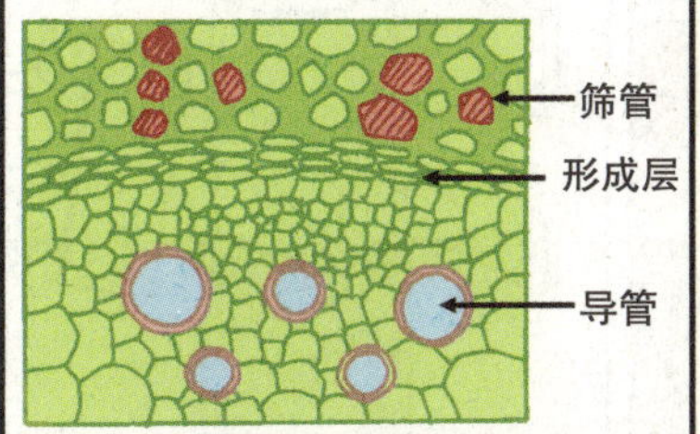

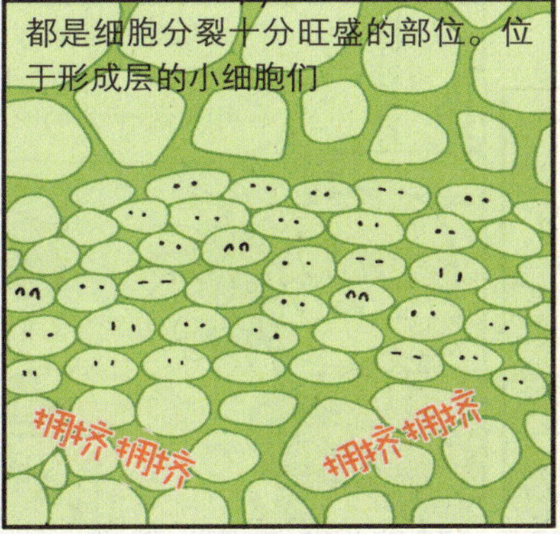

2) 茎的作用

※ 维管束=导管+筛管+形成层

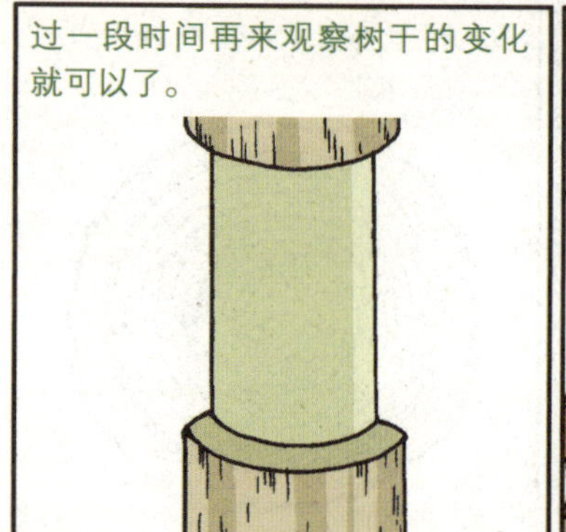

在叶片中制造的有机养分原本应该通过筛管往下运输，可是筛管却被拦腰截断了……

茎的功能：①运输作用 ②支撑作用 ③储存作用 ④呼吸作用

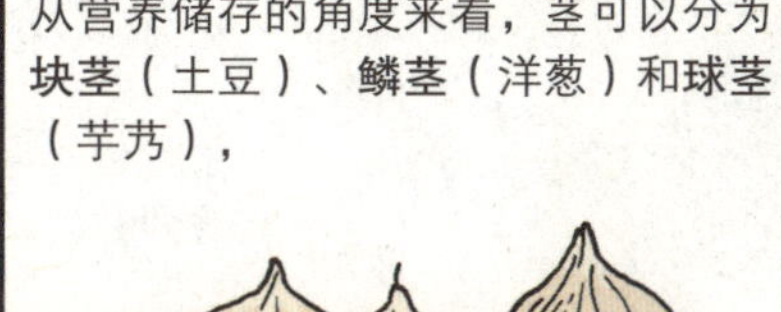

02 茎

· 茎的构造
· 茎的作用

1) 茎的构造

<table>
<tr><td rowspan="1">构造</td><td colspan="4">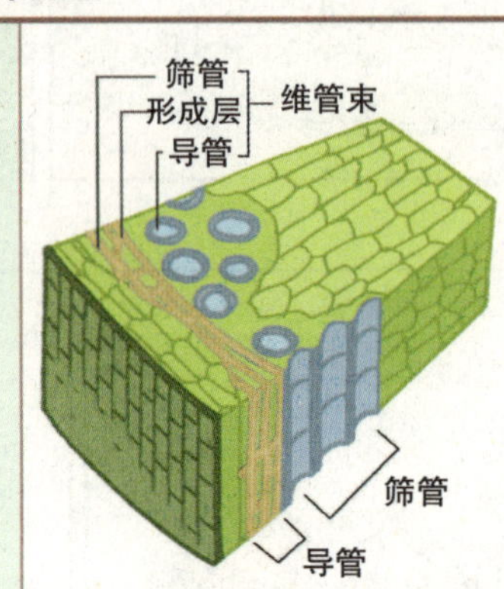
表皮——最外侧的一层细胞层。
皮层——位于表皮内侧的多层细胞层。
维管束——由导管、形成层、筛管等组成的管道，用于连接根部与叶片。</td></tr>
<tr><td rowspan="4">维管束</td><td></td><td>作用</td><td>位置</td><td>特征</td></tr>
<tr><td>导管</td><td>运输根部吸收的水和无机盐的通道。</td><td>位于形成层的内侧，由死细胞构成。</td><td>细胞壁较厚，细胞之间没有细胞壁阻隔，呈一个长长的管道形状。</td></tr>
<tr><td>形成层</td><td>通过细胞分裂让茎秆不断变粗</td><td>仅双子叶植物和裸子植物拥有，由活细胞构成。</td><td>年轮产生的原理。</td></tr>
<tr><td>筛管</td><td>运输叶片制造的有机养分的通道</td><td>位于形成层的外侧，由活细胞构成。</td><td>细胞壁较薄，细胞之间有一层像筛子一样的膜（筛板）。</td></tr>
<tr><td rowspan="2">相关实验</td><td>导管</td><td colspan="3">把植物的茎浸泡在红色墨水中，然后观察茎的截面。
→ 变红的部位就是导管所在的位置。</td></tr>
<tr><td>筛管</td><td colspan="3">在植物茎的外侧剥掉一个环形外皮（环状剥皮实验）。
→ 外皮上端肿大（由于筛管被截断，叶片制造的有机养分无法顺利地向下运输堆积于此造成的）。</td></tr>
</table>

2) 茎的作用

<table>
<tr><th></th><th>双子叶植物</th><th>单子叶植物</th></tr>
<tr><td rowspan="4">构造</td><td>筛管
形成层
导管</td><td>筛管
导管</td></tr>
<tr><td>有形成层，茎秆会变粗。</td><td>没有形成层。</td></tr>
<tr><td>维管束规则排列。</td><td>维管束不规则排列。</td></tr>
<tr><td>凤仙花、蒲公英、向日葵等。</td><td>玉米、小麦、狗尾草等。</td></tr>
<tr><td rowspan="4">茎的作用</td><td colspan="2">运输作用——运输水和营养物质。</td></tr>
<tr><td colspan="2">支撑作用——支撑植物生长。</td></tr>
<tr><td colspan="2">储存作用——储存多余的营养物质（土豆、洋葱、芋艿、莲花等）。</td></tr>
<tr><td colspan="2">呼吸作用——吸入氧气，呼出二氧化碳。</td></tr>
<tr><td rowspan="3">茎的种类</td><td colspan="2">直立茎（向日葵），匍匐茎（高山草莓），缠绕茎（牵牛），
块茎（土豆），地下茎（竹子），攀缘茎（爬山虎）</td></tr>
<tr><td>草茎（白车轴草）</td><td>树茎（日本辛夷）</td></tr>
<tr><td>柔软并含有叶绿素，可以进行光合作用。</td><td>坚硬呈褐色，可以应对各种气候变化，并能够保护植物不受病菌的侵害。</td></tr>
</table>

3. 叶

在这一章中我们来了解一下把根吸收进来的水分重新排出，

制造植物生存必须的有机养分，并作为氧气和二氧化碳进出通道的叶。
叶子对于我们而言是最美味的食物。
还有很多，大家尽情吃啊。

1）叶的构造

叶随着种类的不同，外观和形态也各不相同，

大部分的叶都像太阳能源住宅屋顶的聚光板一样宽大平坦。

而之所以会有这样的构造为的就是接受更多的太阳光。

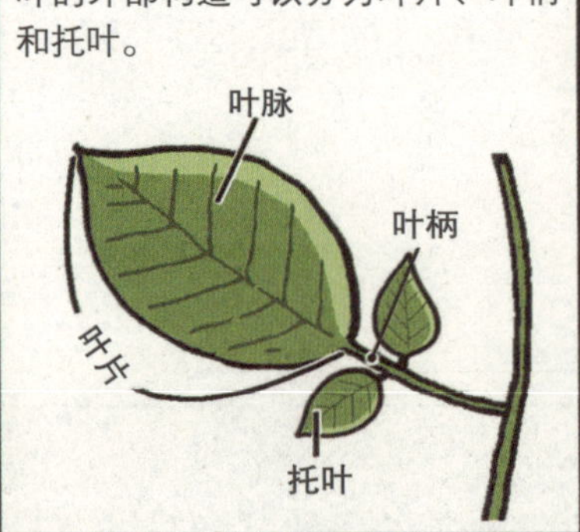
叶的外部构造可以分为叶片、叶柄和托叶。
叶脉
叶柄
叶片
托叶

像樱花叶一样同时拥有三个组成部分的叶称为“完全叶”，

像松树叶一样缺少叶柄或者托叶的叶称为**“不完全叶”**。

叶片上的**叶脉**既是**物质运输的通道**，又起到了**支撑叶片的作用**，

双子叶植物的叶脉是网状脉，单子叶植物的叶脉是平行脉。

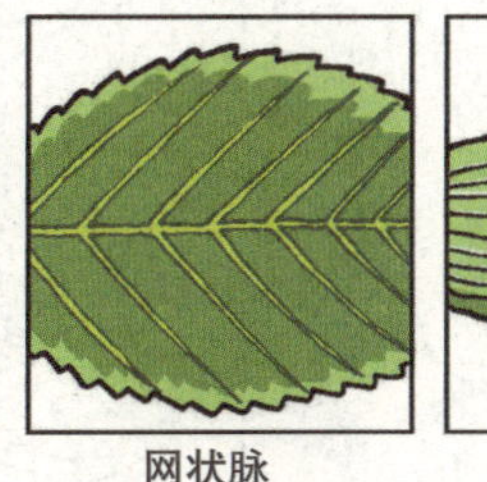

另外，虽然叶片整体看起来都是绿色的，但事实上它并不完全都是绿色的，

这张图是将叶的截面进行放大和简化之后得到的，如图所示，叶是由**表皮层、表皮组织、栅栏组织、海绵组织、叶脉、气孔**等组成的。

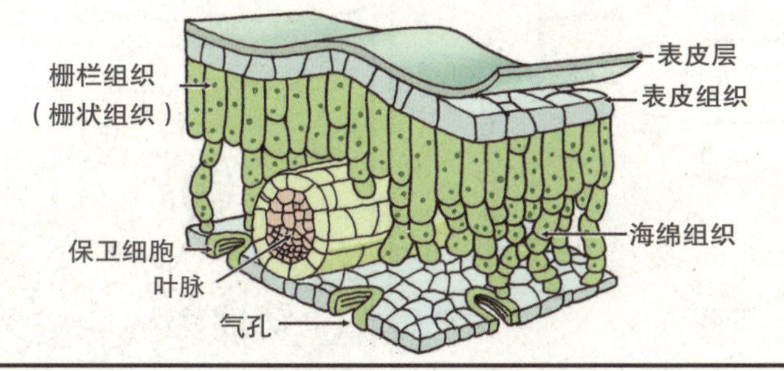

首先来说**“表皮层”**，它是用于调节水分蒸发和外部物质进出的部位，

水生植物表皮的发达程度不高，而陆生植物表皮的发达程度较高。

节肢动物的表皮也非常发达。我们龙虾坚硬的外骨骼就是表皮！

接下来是**“表皮组织”**，表皮细胞就聚集在这里，它的作用是保护内部。在表皮组织的下面，是由形似栅栏的绿色长条形细胞紧密排列形成的组织，这就是“栅栏组织（栅状组织）”，是植物中光合作用最旺盛的部位。

然后在栅栏组织的下面呈淡绿色的圆形细胞稀疏排列的部位就是“海绵组织”。

表皮层

表皮组织

海绵组织

表皮组织（背面）

叶的表面因为不含有叶绿体而呈现透明状，所以光线很容易穿透叶片，

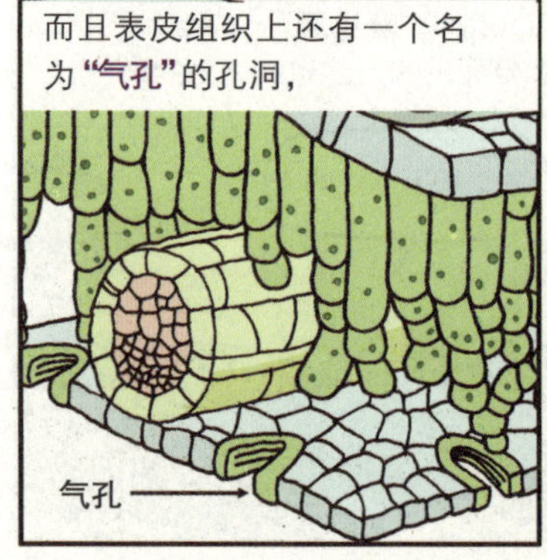

※叶的作用：蒸散作用、光合作用、呼吸作用

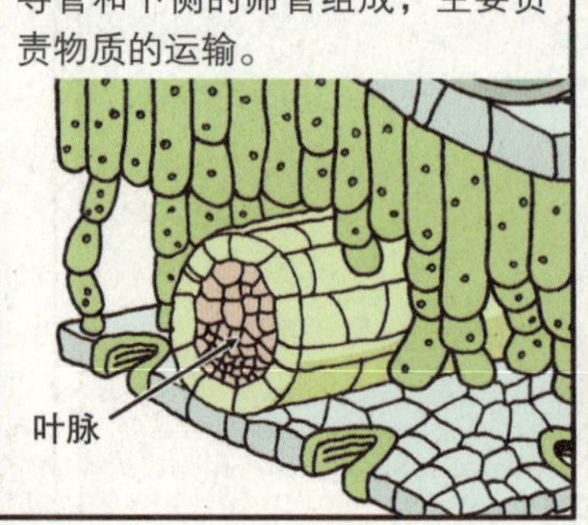

2) 蒸散作用

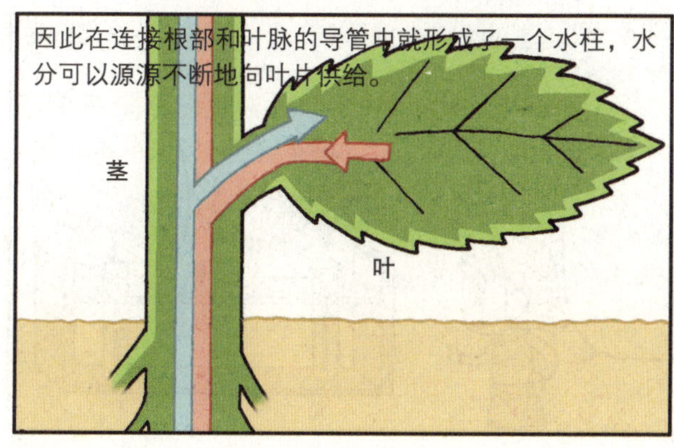

这和图中的实验是相同的原理，随着海绵上的水不断蒸发，烧杯里的水就会顺着玻璃管向上移动。

水蒸发
玻璃管
烧杯

另外，水在蒸发的时候会吸收周围的热量，因此它还可以起到**调节植物温度的作用**。

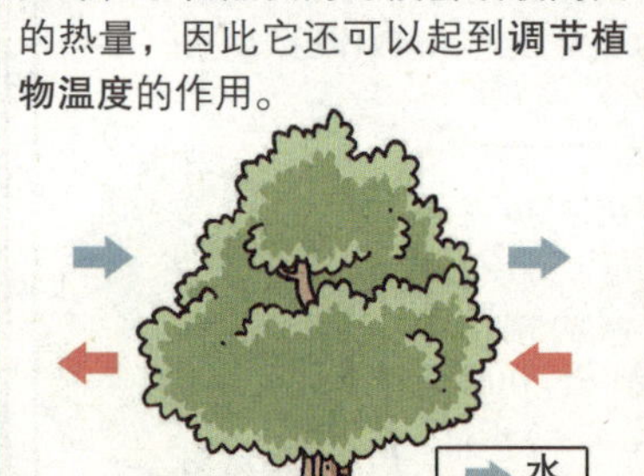

准备材料：有叶片的凤仙花和没有叶片的凤仙花，三个试管，试管架，塑料袋，油，棉花

首先按照图中的方法把凤仙花分别插在三个试管里，放在光照充足的地方静止一段时间。

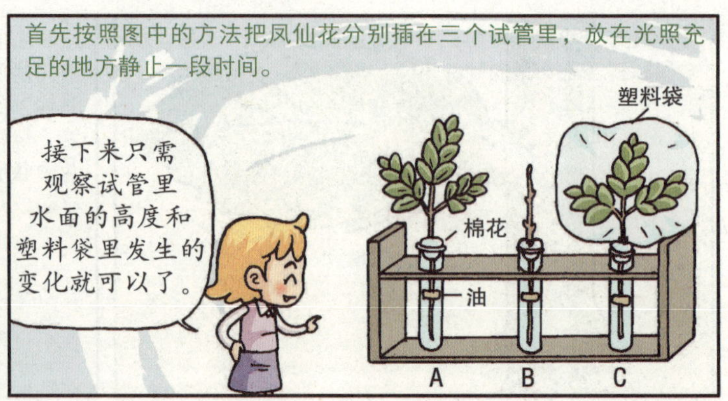

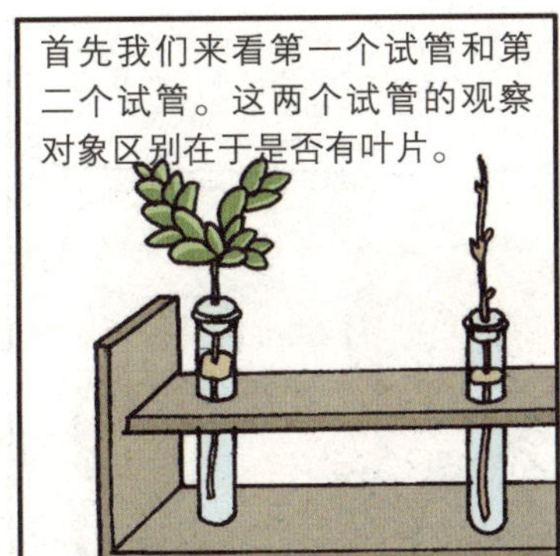
首先我们来看第一个试管和第二个试管。这两个试管的观察对象区别在于是否有叶片。

实验结果显示有叶片的试管里面的水被吸收的量更多。
啊，这样就可以证明蒸散作用是发生在叶片上的咯。

我们给第三个试管中的凤仙花罩上塑料袋是为了测验蒸散作用中排出的液体是什么。

用蓝色的氯化亚钴试纸测试塑料袋内的液体，如果试纸变成红色就证明这个液体是水。
啊，真的吗？
这样就可以证明蒸散作用会从植物的叶片中释放出水分。

因为以气态水蒸气的形式释放出的水凝结之后就变成液态的水滴。
H2O
H2O
H2O

在这里还要注意的是在试管里设置油层

是为了防止试管里的水直接从水面上蒸发掉。

那么在什么样的条件下，蒸散作用会变得更加活跃呢？这和湿衣服晾干的原理是一样的。即，在温度高、湿度低、通风好的时候，衣服最易干。

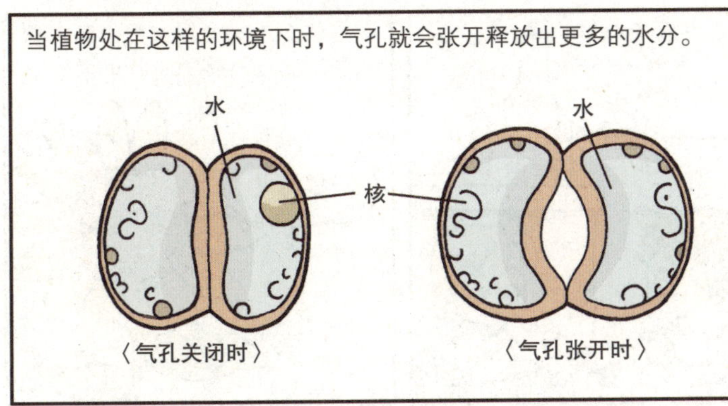
当植物处在这样的环境下时，气孔就会张开释放出更多的水分。
水
核
水
〈气孔关闭时〉
〈气孔张开时〉

不过我们在前面已经提到过了吧，气孔的开闭是由保卫细胞控制的。
嗯。

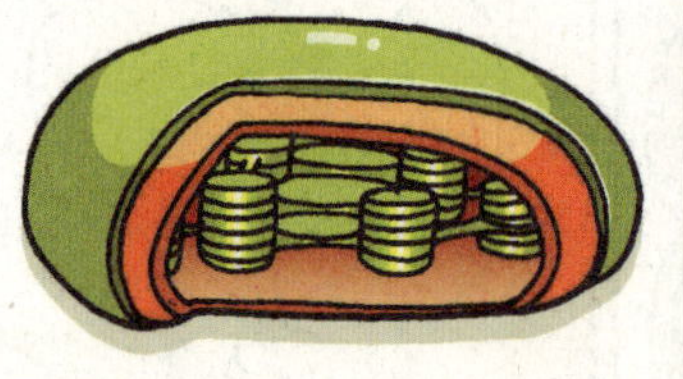
保卫细胞虽然位于表皮组织里，但是它与表皮细胞不同，含有叶绿体，因此在受到光照的情况下能够产生光合作用。

这时保卫细胞的液体浓度与周围其他细胞的液体浓度相比就会升高一些。

我们在前一章讲根的吸收原理时提到的渗透作用还记得吧？根据“水从低浓度流向高浓度”的原理……
啊，也就是说……

水会进入到浓度更高的保卫细胞中去。
没错，说得很对！

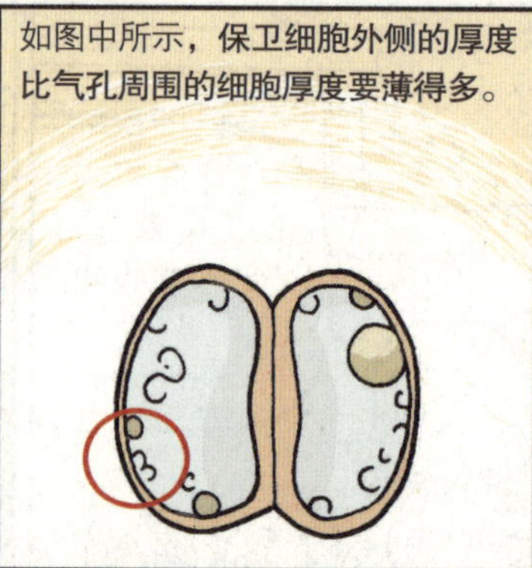
如图中所示，保卫细胞外侧的厚度比气孔周围的细胞厚度要薄得多。

因此这时保卫细胞并不是单纯地发生膨胀，而是会发生弯曲！
好大的力气……
呃
啊

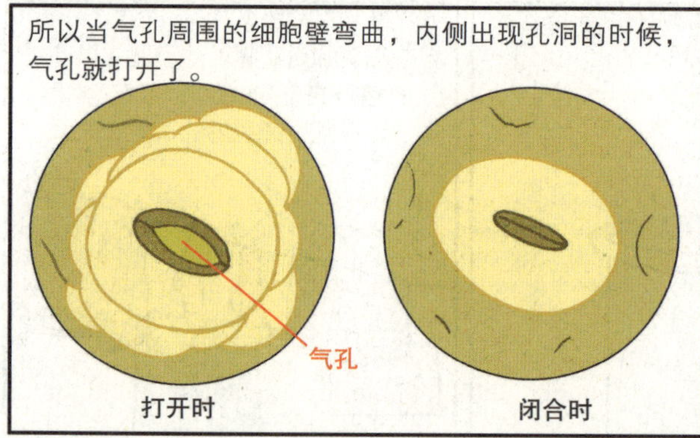
所以当气孔周围的细胞壁弯曲，内侧出现孔洞的时候，气孔就打开了。
气孔
打开时
闭合时

相反在没有太阳光或者温度较低的时候，叶绿体就无法生产有机养分了吧？
呃，又冷又暗……

这时保卫细胞的液体浓度降低，细胞恢复到原来的样子，气孔也就闭合了。

那么在表皮组织中，只有保卫细胞含有叶绿体一定是有原因的吧。
那是当然。

叶绿体像这样利用太阳光制造营养物质的过程称为植物的光合作用。
好幸福~

3) 植物的光合作用

植物的光合作用能够利用光的能量将水和二氧化碳等无机物转化成可供所有动物摄取的有机物。因此光合作用才是名副其实的生命之源。

准备材料：黑藻、乙醇、碘-碘化钾溶液、显微镜、载玻片、盖玻片、镊子、酒精灯、三脚架、铁网、烧杯、试管、滤纸

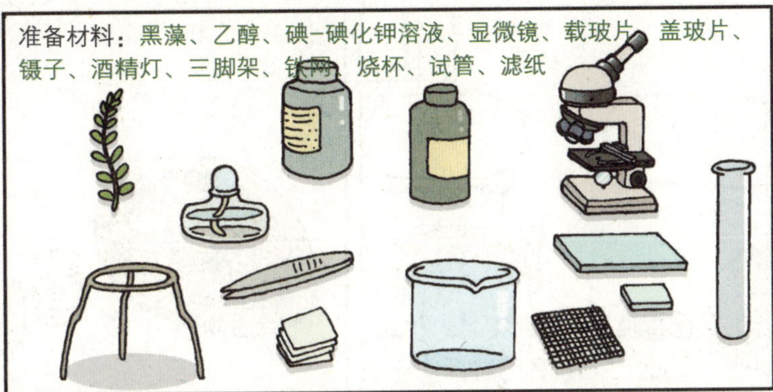

1. 把黑藻放在有水的烧杯中置于光照充足的地方，

摘一片黑藻的叶子用显微镜观察。

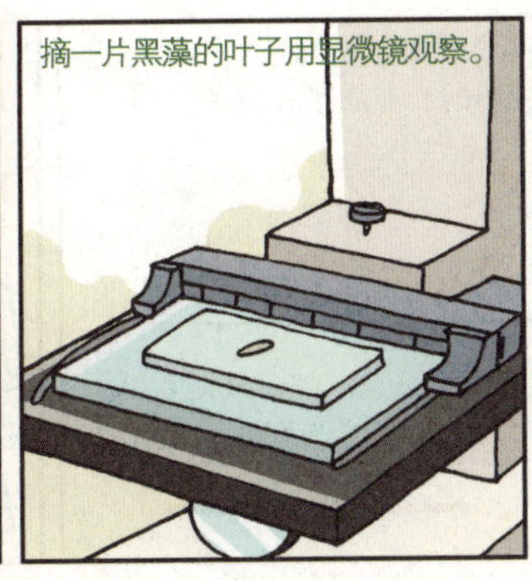

2.再摘一片黑藻的叶子，如图所示放在装有乙醇的试管当中，

经过蒸馏使叶片褪色之后，放在有水的烧杯中清洗干净。

3.按照图中的方式将叶片制成标本之后，再用碘-碘化钾溶液染色。

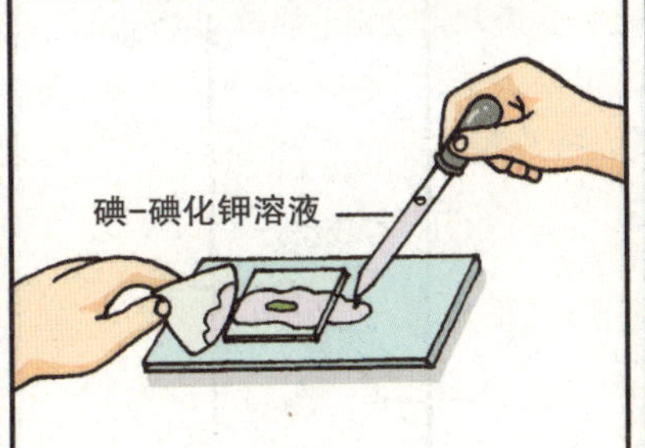

最后用显微镜观察制作好的标本就可以了。

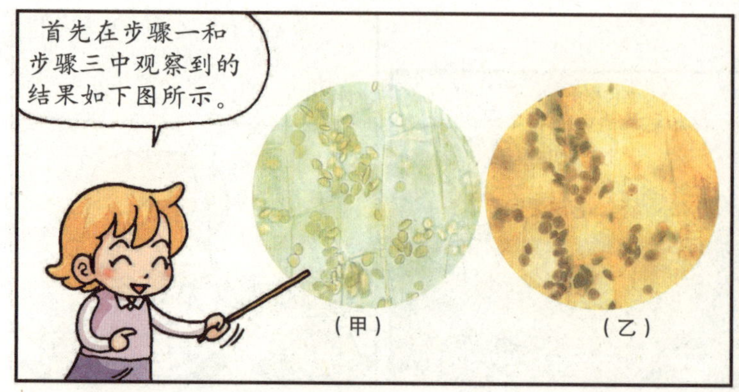
首先在步骤一和步骤三中观察到的结果如下图所示。
（甲）
（乙）

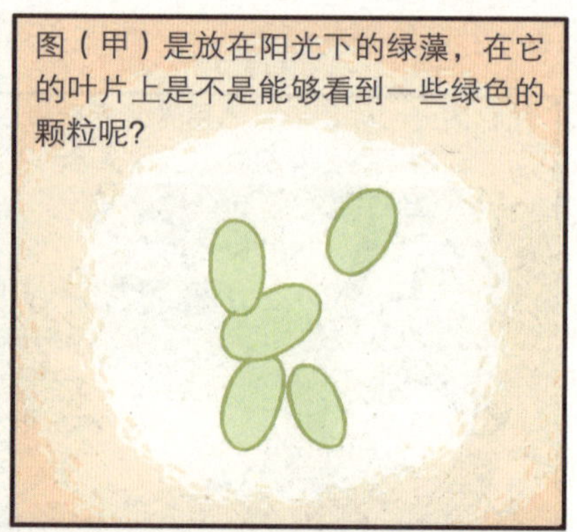
图（甲）是放在阳光下的绿藻，在它的叶片上是不是能够看到一些绿色的颗粒呢？

这就是制造有机营养的工厂即名为叶绿体的细胞器。
这是它的模型。
哇，好神奇哦……

叶绿体内含有一种名为叶绿素的色素，它可以吸收太阳光的能量。

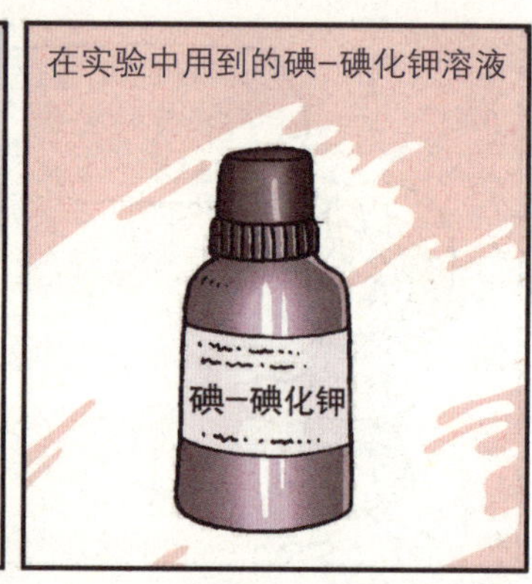
在实验中用到的碘–碘化钾溶液
碘–碘化钾

是能够测试有机养分中碳水化合物淀粉存在与否的试剂。

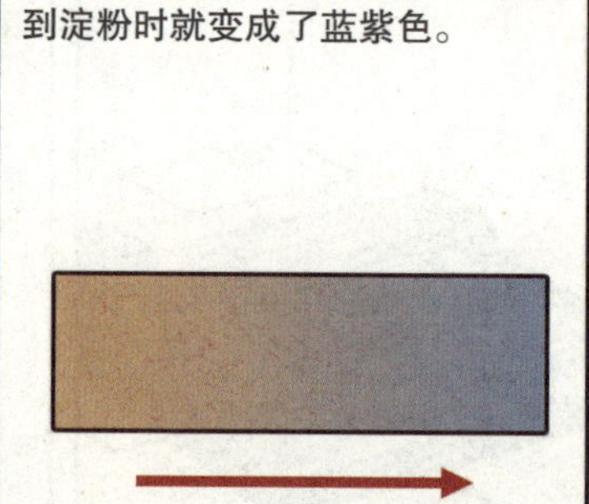
这种溶液本身是褐色的，当它遇到淀粉时就变成了蓝紫色。

所以在图（乙）中看到的叶绿体是不是变成了蓝紫色呢？
也就是说里面有淀粉咯。
（乙）

那为什么还要用乙醇让叶片褪色呢？
是这样的。

那是为了更加清楚地看到试剂的颜色变化，所以才把叶片原本含有的绿色叶绿素全部清除掉。
黑藻
乙醇

总而言之，通过这个实验我们就能够知道植物叶片里的叶绿体是可以制造出淀粉的。

在这里我们要注意的是光合作用并不能直接制造出淀粉，而是先制造出的“葡萄糖”。
为什么？

虽然这两者都属于碳水化合物，但是淀粉的构造远比葡萄糖的复杂。
啧啧，单纯的家伙……
你说什么？
淀粉
葡萄糖

那为什么实验中检测出的不是葡萄糖，而是淀粉呢？

虽然葡萄糖易溶于水且方便运输，但是如果要用来储存的话，葡萄糖并不是最理想的状态。
我不易溶于水。
所以储存营养的时候需要以不易溶于水的淀粉形式来储存。

但是到了夜晚植物不进行光合作用的时候，淀粉又重新变成葡萄糖被运往植物的其他部位。
我可是变身的鬼才哦。
葡萄糖

植物通过光合作用产生葡萄糖的原理，现在大家都明白了吧？

但是植物的光合作用不单单制造了葡萄糖，还产生了一个非常重要的物质。
是什么？

让我们通过下面的这个实验来寻找答案吧。

首先在大标本瓶中灌水，加入碳酸氢钠。

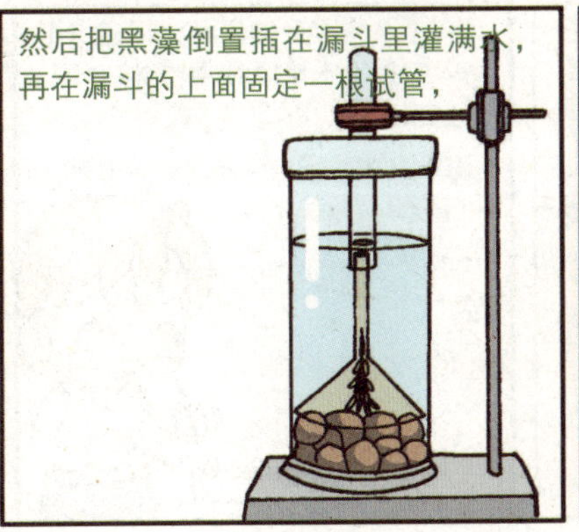
然后把黑藻倒置插在漏斗里灌满水，再在漏斗的上面固定一根试管，

把整个实验装置放在光照充足的地方。
刚好今天天气不错哦！

当看到试管中充满气泡的时候，就可以把手伸进水中用大拇指按住试管口把试管拿出来。
像这样吗？

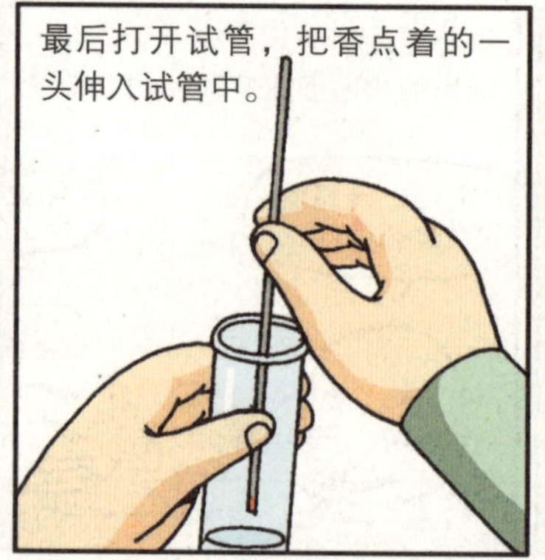
最后打开试管，把香点着的一头伸入试管中。

如果香重新点着并且发出轻微的爆破音就证明试管里的气体是氢气，
啊！
砰

但如果只是发光并且燃烧起来的话，就证明试管里的气体是氧气。
到底是谁把气体换掉的？

实验结果证明试管里的气体是氧气，因此香发光并且燃烧了起来。
滋滋滋滋

通过这个实验就可以证明植物的光合作用不仅向动物提供了有机养分，
咩咩咩咩～

还提供了我们呼吸所必须的氧气。
哇，真的耶……

原来你们是这么伟大的生命体，我刚才太对不起你们了……
你太夸张了啦！
抽泣

可是在实验过程中为什么要在水中加入碳酸氢钠呢？

其实这个步骤我们还可以用在水中插入吸管往水里吹气来代替……
因为要向植物提供二氧化碳。

由此可知，植物进行光合作用需要二氧化碳作为原材料。
CO2
CO2
CO2
CO2

我们呼吸产生的废气二氧化碳竟然可以作为植物光合作用的原材料使用，很神奇吧？
啊哈

我的天呐，那么植物的光合作用不仅向动物提供了氧气和有机养分，甚至还起到了消除二氧化碳的作用？

下面我们用一幅图来整理一下植物光合作用的过程吧？

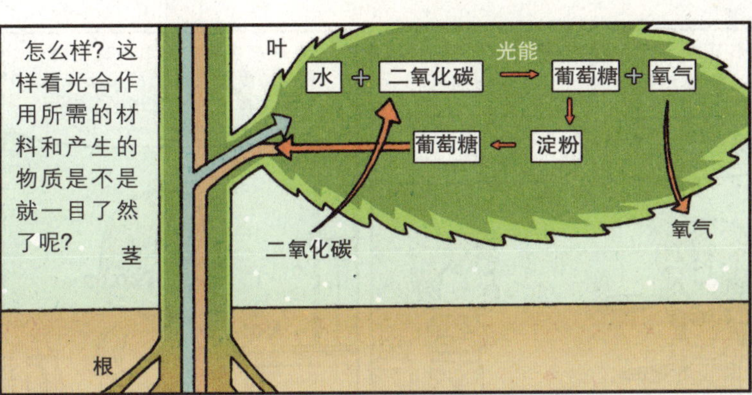
怎么样？这样看光合作用所需的材料和产生的物质是不是就一目了然了呢？
叶
光能
水 + 二氧化碳 → 葡萄糖 + 氧气
淀粉
葡萄糖
二氧化碳
氧气
茎
根

光合作用以二氧化碳和无机物水为原材料，在光能的作用下，
H_2O
CO_2

产生了有机物葡萄糖和氧气，并且剩余了一部分的水。

下面我们再来看一下植物进行光合作用必备的条件吧。
首先最重要的就是“光的强度”。
啪

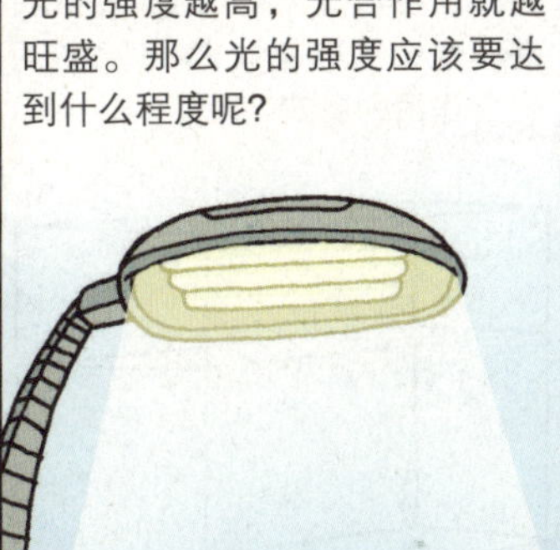
光的强度越高，光合作用就越旺盛。那么光的强度应该要达到什么程度呢？

这是什么意思啊？
让我们通过下面这个实验来说明这个问题。
捣鼓
捣鼓

首先剪几段新鲜的黑藻茎放在漏斗中，

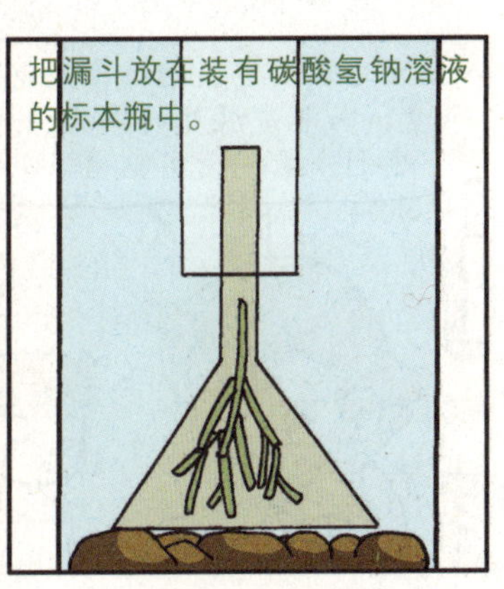
把漏斗放在装有碳酸氢钠溶液的标本瓶中。

然后在标本瓶和台灯之间放置一个装满水的水缸，在距离标本瓶10cm以外的地方进行照射。

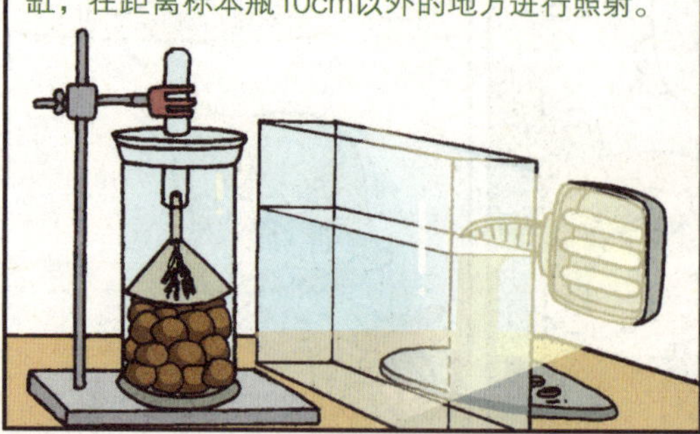

最后逐渐加大标本瓶和台灯之间的距离，再分别记录下不同距离上每分钟产生的气泡数量就可以了。

台灯距离标本瓶**越近光照的强度就越强，距离越远光照的强度就越弱。**

另外，在台灯和标本瓶之间放置**装满水的水缸**是为了**减弱温度对光合作用的影响**。

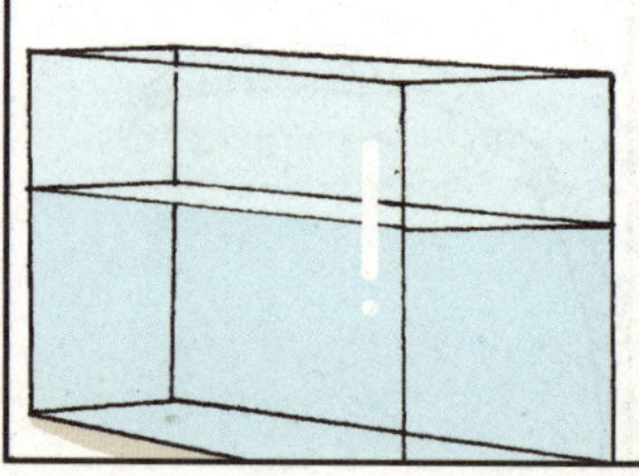

如果不放置水缸，标本瓶在台灯的照射下温度逐渐升高的话，我们就无法得到准确的实验结果了。

即，放置水缸的目的是为了消除温度变化的影响。

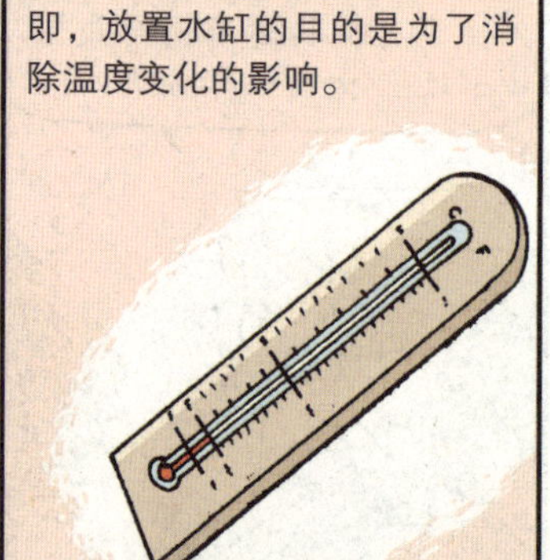

因为我们实验的对象是光的强度，而不是温度的影响。好了，我们来看一看实验结果吧？

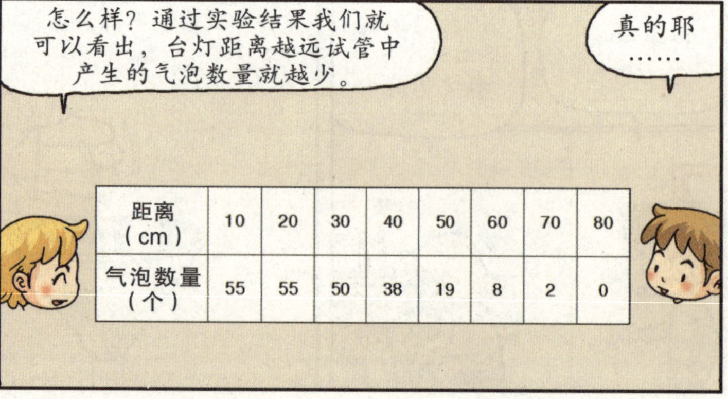

距离（cm）	10	20	30	40	50	60	70	80
气泡数量（个）	55	55	50	38	19	8	2	0

距离（cm）	10	20
气泡数量（个）	55	55

咦？为什么不是绿色，而是红色和蓝紫色呢？

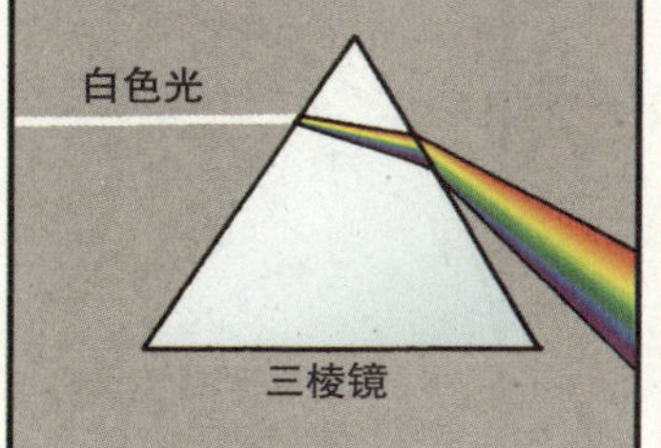

催化剂——化学反应中调节反应速度的物质。
酶——一种生物催化剂。

因为光合作用是作为生命体的植物进行的一种物质代谢，因此需要酶来做催化剂。

光照的强度、二氧化碳的浓度、温度和光合作用之间的关系分别可以用下面的三幅图进行表述。

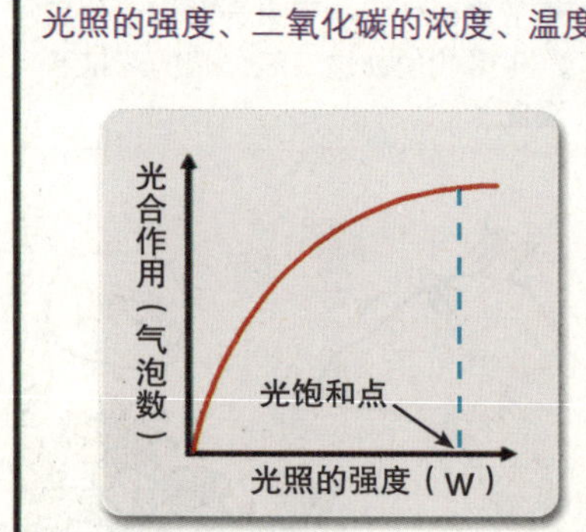

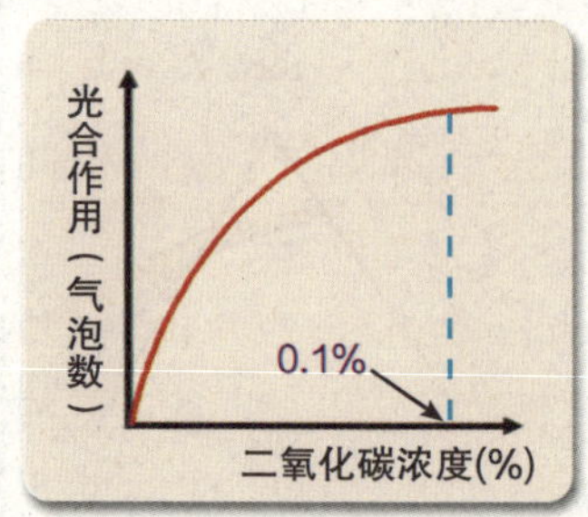

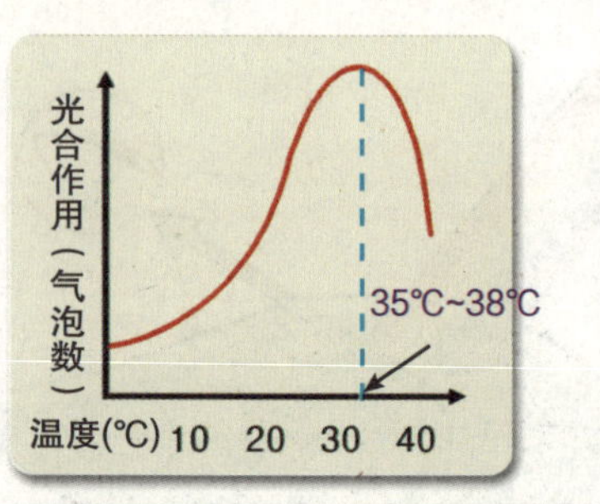

4) 植物的呼吸

因为光合作用太过重要，所以人们很容易忘记植物也是会呼吸的。

在下面的内容中，我们就来了解一下植物的呼吸，以及它和光合作用之间的关系吧。

植物的活动量远不及动物的大，因此呼吸的量较少，呼吸器官也不发达。

所以单从外表看很难看出植物是否在呼吸。

所以让我们通过下面的实验来测试一下植物是否会呼吸吧。

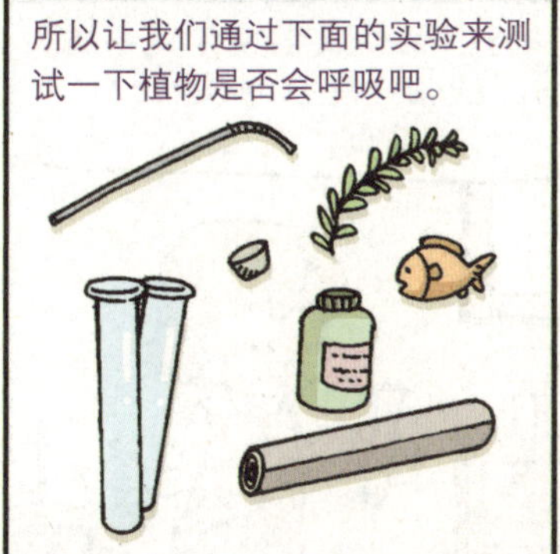

首先准备五个试管，分别装入等量的绿色BTB溶液，

然后按照下面的要求，分别对五个试管进行相应的处理。

A: 用塞子塞起来静置。
B: 用吸管往里面吹气。
C: 放一条小金鱼进去。
D: 放入黑藻。
E: 放入黑藻，然后用锡箔纸把试管包起来。

注：BTB溶液是溴麝香草酚蓝的英文简称，是一种酸碱指示剂、吸附指示剂。

接下来把所有的试管一起放置在光照充足的地方，

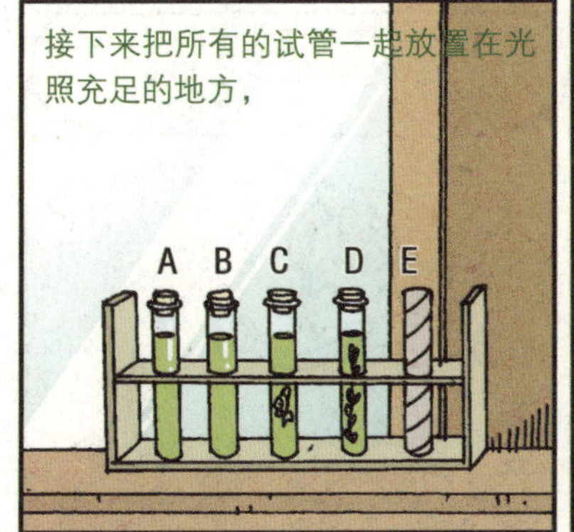

静置一段时间之后观察BTB溶液的颜色发生了什么样的变化。

最终的实验结果如下面表格所示。

	A	B	C	D	E
颜色	绿色	黄色	黄色	蓝色	黄色

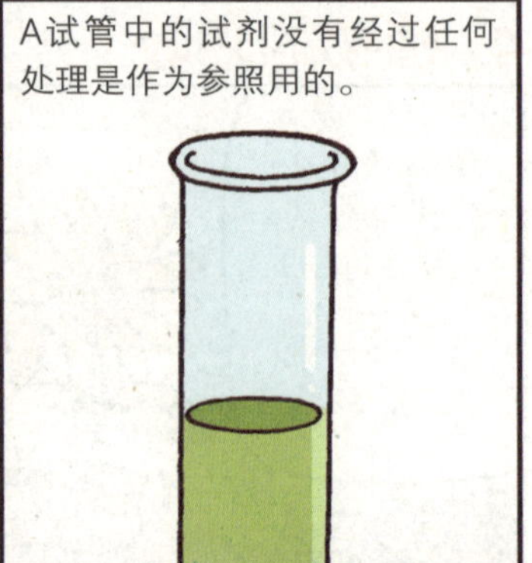

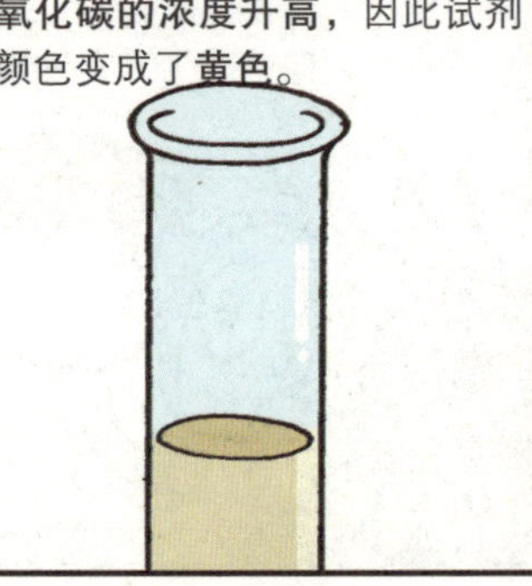

D试管中的黑藻在阳光下发生了光合作用，吸收了水中的二氧化碳，因此试剂的颜色变成了蓝色。

真的是蓝色的呢？

E试管中的黑藻没有受到阳光的照射，只进行了呼吸作用，

我要自由和阳光……

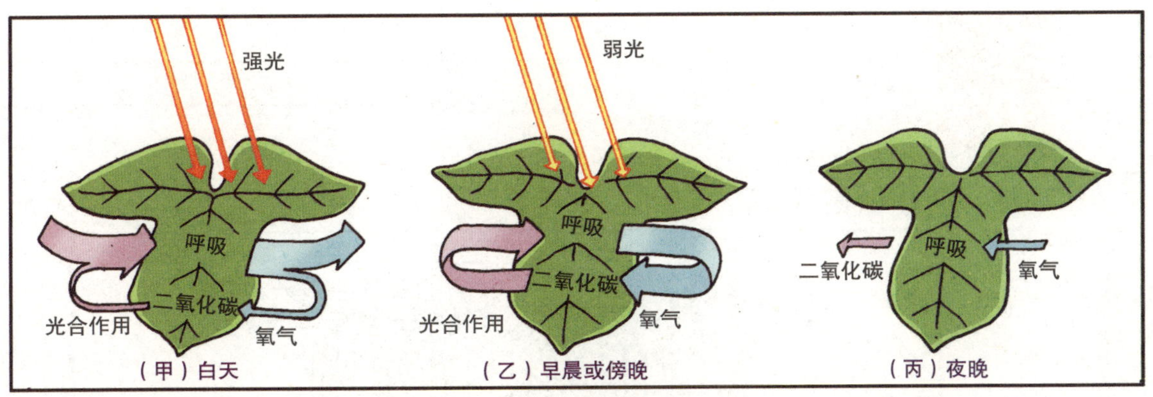
强光
呼吸
二氧化碳
光合作用
氧气
(甲)白天
弱光
呼吸
二氧化碳
光合作用
氧气
(乙)早晨或傍晚
呼吸
二氧化碳
氧气
(丙)夜晚

如上图所示，白天叶片光合作用吸收二氧化碳，释放氧气的量

比叶片呼吸作用吸入氧气，呼出二氧化碳的量要大得多。

而早晨和傍晚这两个时间段，光合作用的量和呼吸作用的量是相等的。
所以从表面上看是不是像没有任何的气体进出一样呢?
弱光
呼吸
二氧化碳
光合作用
氧气
(乙)早晨或傍晚

到了夜晚，虽然植物的呼吸量没有变化，但是因为没有太阳光的原因，无法进行光合作用，只进行呼吸作用，

因此从表面上看，植物只吸入氧气排出二氧化碳。

所以晚上如果在房间里摆放太多的花草，人可能会窒息也说不定!
救命啊!

虽然光合作用的量会随着光照的强度而发生变化，

但是呼吸量跟光合作用的量相比要少得多，基本都是按照一定的量持续发生的。
原来如此!

这些鲜活的植物们……

03 叶

· 叶的构造
· 蒸散作用
· 植物的光合作用
· 植物的呼吸

1) 叶的构造

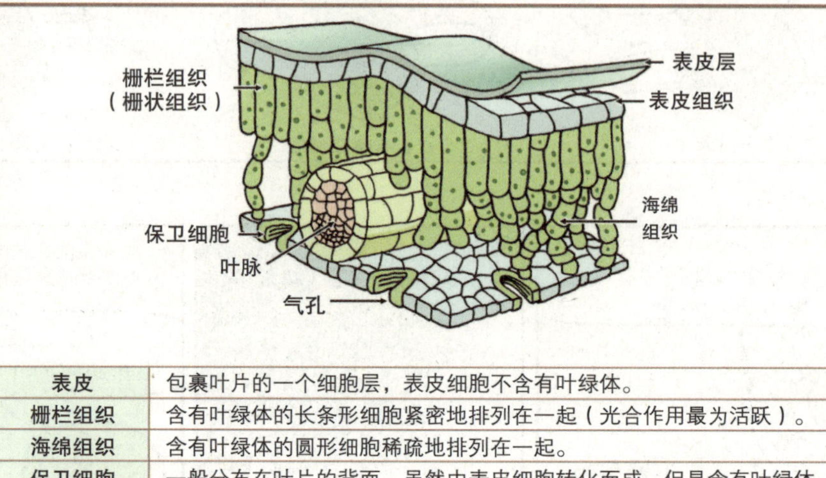

表皮	包裹叶片的一个细胞层，表皮细胞不含有叶绿体。
栅栏组织	含有叶绿体的长条形细胞紧密地排列在一起（光合作用最为活跃）。
海绵组织	含有叶绿体的圆形细胞稀疏地排列在一起。
保卫细胞	一般分布在叶片的背面，虽然由表皮细胞转化而成，但是含有叶绿体。
气孔	由两个保卫细胞组成的孔洞（发生蒸散作用和气体交换的地方）。
叶脉	由分布在叶片上的维管束，即导管和筛管组成。

2) 蒸散作用

蒸散作用	植物体内的水分通过叶片上的气孔，以水蒸气的状态排出的作用。
调节	根据保卫细胞内的水分量控制气孔开闭的过程。
气孔开闭的时机	气孔的光合作用活跃，白天打开，夜晚关闭。
气孔打开的过程	保卫细胞的光合作用→产生养分，液体浓度升高→从周围的细胞中吸收水分→保卫细胞内的膨压升高→保卫细胞膨胀弯曲→气孔打开。 水 核 水 〈气孔关闭时〉 〈气孔张开时〉
蒸散作用的条件	太阳光——强烈的时候，温度——高的时候，风——通风好的时候，湿度——低的时候，植物体内水分——多的时候。
意义	将根吸收的水和无机盐运送至叶片上的动力。 调节植物体内的温度。 调节植物体内的水分含量。 ※水分向上运输的四大要素： → 蒸散作用，水分子的凝集力，根压，毛细现象。

3) 植物的光合作用

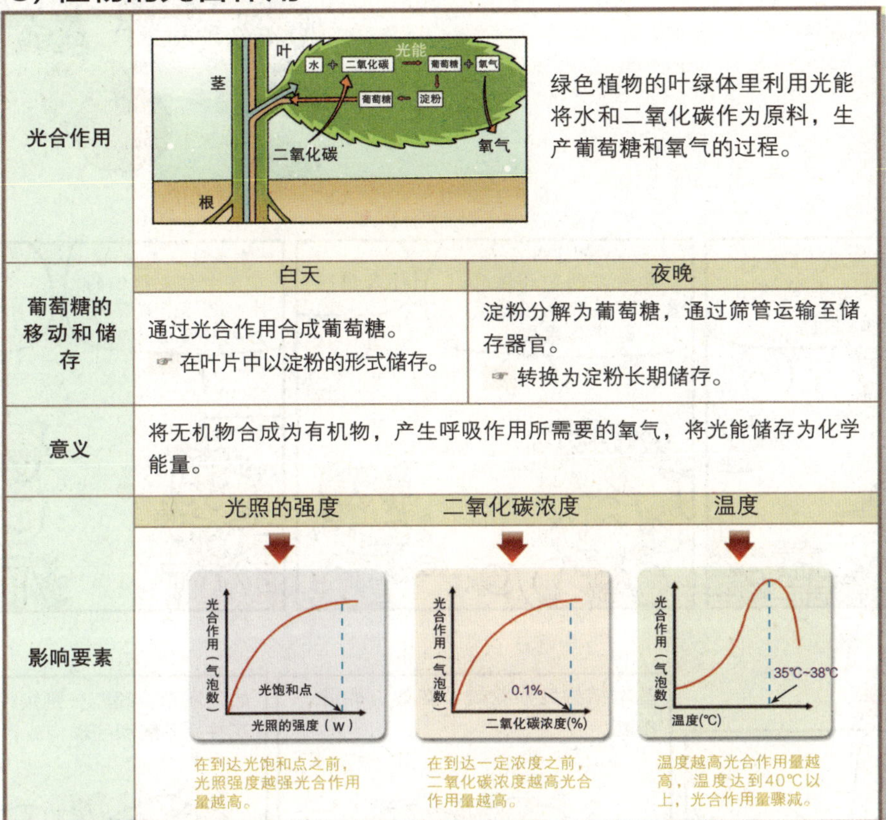

光合作用	绿色植物的叶绿体里利用光能将水和二氧化碳作为原料，生产葡萄糖和氧气的过程。		
葡萄糖的移动和储存	白天	夜晚	
	通过光合作用合成葡萄糖。 ☞ 在叶片中以淀粉的形式储存。	淀粉分解为葡萄糖，通过筛管运输至储存器官。 ☞ 转换为淀粉长期储存。	
意义	将无机物合成为有机物，产生呼吸作用所需要的氧气，将光能储存为化学能量。		
影响要素	光照的强度	二氧化碳浓度	温度
	在到达光饱和点之前，光照强度越强光合作用量越高。	在到达一定浓度之前，二氧化碳浓度越高光合作用量越高。	温度越高光合作用量越高，温度达到40℃以上，光合作用量骤减。

4) 植物的呼吸

呼吸	利用氧气分解有机物，获得植物生存所需能量的过程。		
气体交换	白天	早晨・傍晚	夜晚
	光合作用量>呼吸量，排出氧气，吸入二氧化碳。	光合作用量=呼吸量，外表上看没有气体的排出和吸入。	只进行呼吸作用。吸入氧气，呼出二氧化碳。
光合作用和呼吸作用的比较	区别	光合作用	呼吸作用
	场所	叶绿体	所有细胞
	时间	白天（有光照的时候）	持续进行
	气体进出	排出氧气，吸入二氧化碳。	吸入氧气，呼出二氧化碳。

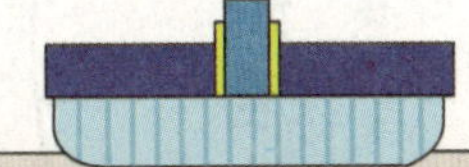

4. 花和果实

1）花的构造

基本结构包括**花瓣**、**花萼**、**雌蕊**、**雄蕊**。

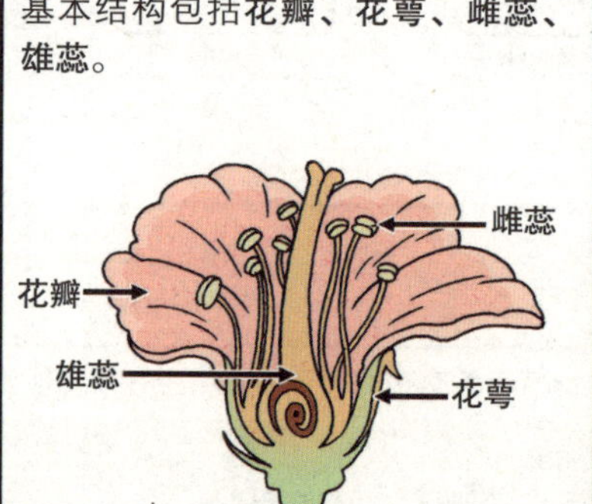

如图所示，**雌蕊**分别由**柱头**、**花柱**、**子房**和**胚珠**构成，

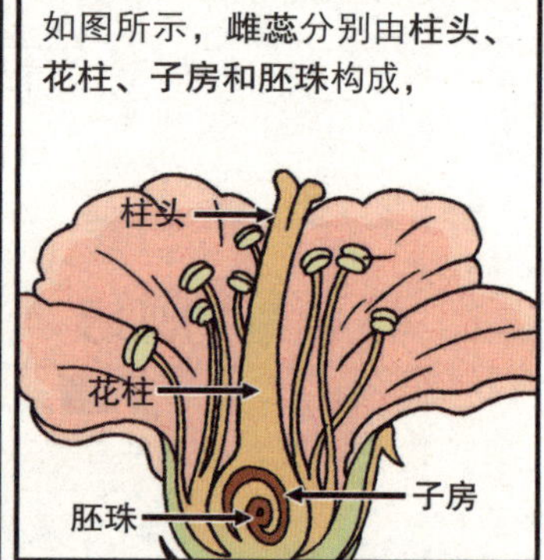

受精之后，**胚珠**发育为**种子**，而**子房**一般会发育为**果实**。

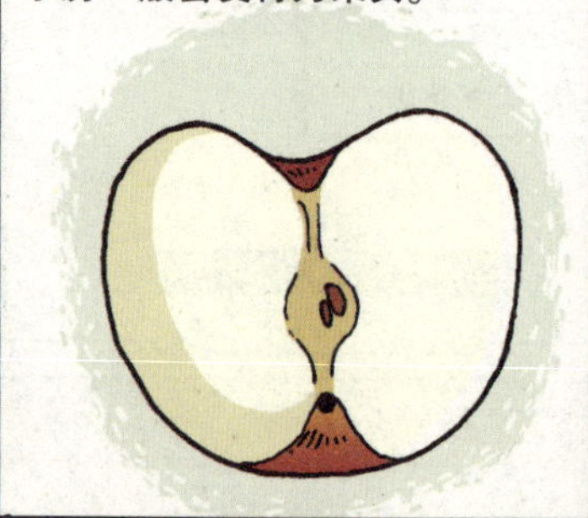

雄蕊由**花丝**和**花药**组成，**花药**里面含有一种名为**花粉**的物质。

雄蕊和雌蕊在花的结构中，是最重要的部分。

那么花瓣和花萼呢？
这两个都是起到保护作用的部位。

而且这四种基本构造都具备的花称为“完全花”。
呵呵，难道在这四种结构中缺一个的话就叫作“不完全花”吗？

没错。
啊，我说对了？

代表性的完全花有桃花、樱花、白菜、萝卜、连翘、蒲公英、玫瑰等。

代表性的不完全花有南瓜、黄瓜、水稻、松树、银杏树等。

不完全花一般是雄花和雌花单独开放的单性花。

之所以区分雄花和雌花是因为雄蕊和雌蕊分别长在不同的花里。
我们也是男女有别的……
雌花
雄花

而完全花是同时具备雌蕊和雄蕊的两性花。

另外，像松树和银杏树这种没有子房，胚珠露在外面的裸子植物的花也是不完全花！

你见过松树和银杏树的花有花瓣吗？
原来如此啊！

花根据花瓣的形状可以分为两种，一种是像牵牛花和南瓜花一样花瓣彼此连在一起的合瓣花，

另一种是花瓣彼此分离的离瓣花，例如桃花、樱花等。

2）授粉和受精

花粉依靠昆虫或者风力等自然力量的帮助落到雌蕊的柱头上，

虫媒花大家只需记住**山茶花**和**香蕉花**，

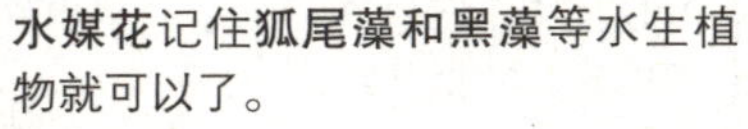

水媒花记住**狐尾藻**和**黑藻**等水生植物就可以了。

等一下，在这里大家还要注意一件事情！

蒲公英的种子长得像绒毛一样，被风一吹就会漫天飞舞，因此很多人会误以为它是风媒花，

蒲公英的花瓣非常漂亮，它可是货真价实的**虫媒花**！

植物通过不同的方式进行**授粉**，授粉过后一段时间完成**受精**，植物才能够产生种子。

如图所示，花粉沾到柱头上之后完成**授粉**，

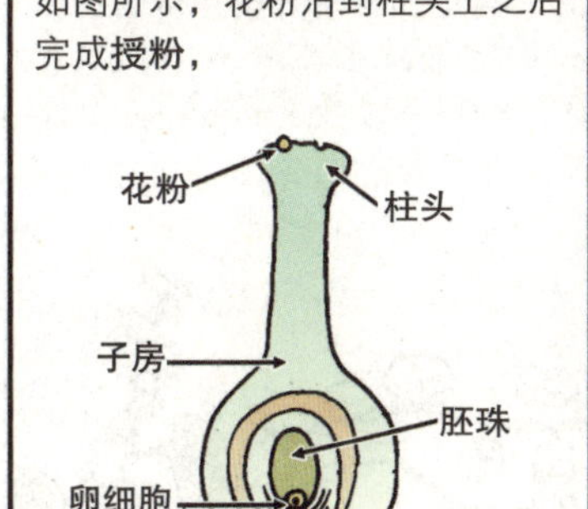

花粉里面的**花粉管核**向胚珠伸长出**花粉管**，两个**精子**顺着花粉管向下移动。

花粉管

精子

花粉管核随之消失，**精子**和**卵细胞**完成**受精**。

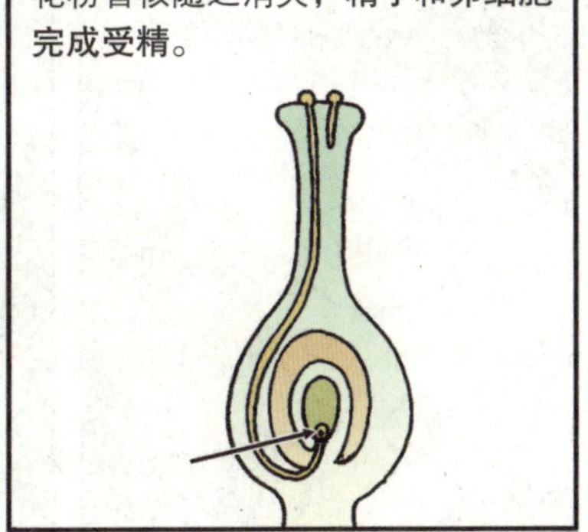

一般情况下胚珠发育后
变成了种子，子房发育后
就变成了果实。

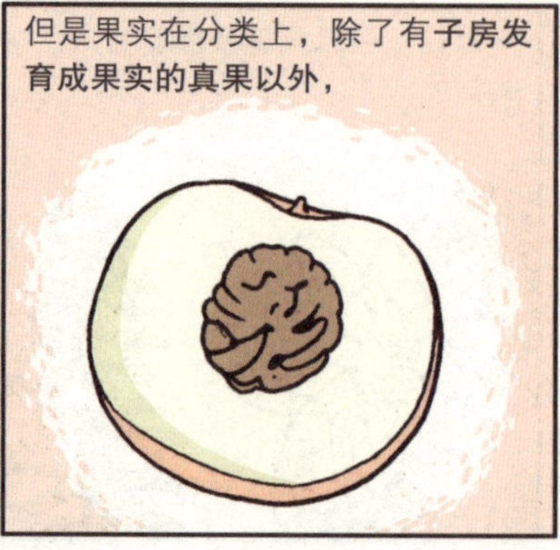
但是果实在分类上，除了有子房发育成果实的真果以外，

也有像苹果、梨、草莓一样由花萼等花的其他部位与子房共同发育为果实的假果。

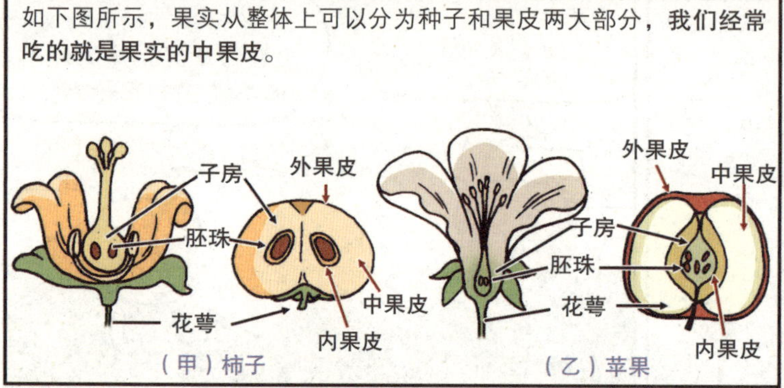
如下图所示，果实从整体上可以分为种子和果皮两大部分，我们经常吃的就是果实的中果皮。
子房
胚珠
花萼
外果皮
中果皮
内果皮
（甲）柿子
子房
胚珠
花萼
外果皮
中果皮
内果皮
（乙）苹果

所以这里的中果皮如果是
由子房发育而成的就是真果，
如果是由花的其他部位
发育而成的就是假果。
咔嚓
很好吃的
样子……

果实的作用是可以帮助植物传播种子。

植物的种子既有像枫树的种子一样长着翅膀的，也有像蒲公英的种子一样长着绒毛的，这些种子的结构都是为了方便它随风传播，
呼呜
阿嚏 阿嚏

而像桃子和梨这种果肉发达的植物，就靠动物吃掉果实之后来传播种子，
呀吼！
啪

还有小朋友们到草丛中玩的时候，是不是遇到过衣服上粘到奇怪东西的情况呢？
啊，
这是什么？

这种类型的种子的构造很容易粘在动物的皮毛或者人类的衣物上，例如鬼针草、苍耳等。

还有一种有趣的传播方式是像椰子、水葫芦一样让种子随流水传播的。

像这样植物通过各种各样的方式将自己的子孙后代一直延续下去。
哇，植物真是越看越神奇啊。

最后我们再来学习一下种子的构造，这样关于植物的课程就结束啦。

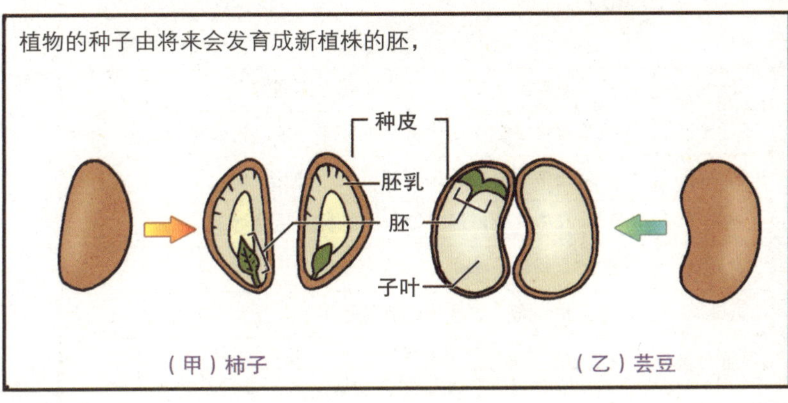
植物的种子由将来会发育成新植株的胚，
种皮
胚乳
胚
子叶
（甲）柿子
（乙）芸豆

在发芽之前为种子提供营养的组织，以及保护种子内部的种皮组成。

但是从图上来看，柿子和芸豆的种子是不是有些不太一样呢？
哦，真的耶？

柿子种子的营养成分储存在胚乳里，芸豆种子没有胚乳，因此营养成分储存在子叶里。

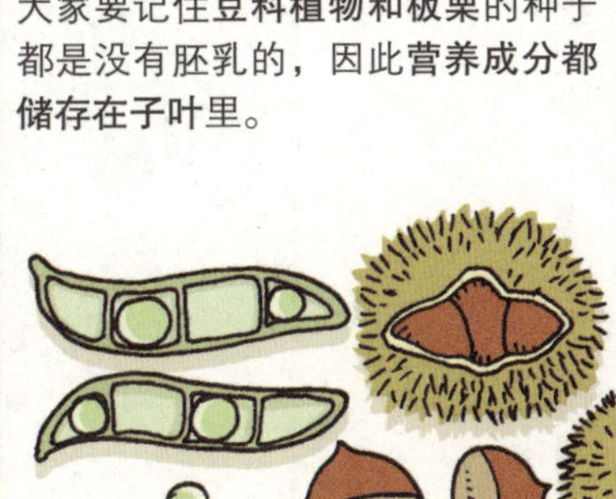
大家要记住豆科植物和板栗的种子都是没有胚乳的，因此营养成分都储存在子叶里。

种子在水分、温度以及空气合适的环境下就会发芽，

这样一个新生命就诞生了。
噔 噔

04 花和果实

· 花
· 果实和种子

1) 花

花的构造（花的四要素）	雄蕊	花药(制造花粉的地方)和花丝
	花瓣	包裹雄蕊、雌蕊、子房，起到保护的作用
	花萼	支撑花，保护花
	雌蕊	柱头（进行授粉的部位），花柱，子房（内含有胚珠）
花的种类	完全花	花的四要素全部拥有的花（桃花、连翘等）。
	不完全花	花的四要素中缺少一个以上的花（小麦、松树等）。
	两性花	在一朵花中既有雄蕊又有雌蕊（凤仙花、百合等）。
	单性花	在一朵花中只有雌蕊或雄蕊（松树、百合等）。
	合瓣花	花瓣彼此相连（牵牛花、百合等）。
	离瓣花	花瓣彼此分离（玫瑰花、桃花等）。
	花的分类是可以重复进行的。 ☞ 桃花是完全花又是两性花，而且还是离瓣花。	
授粉	花粉移动到雌蕊柱头上的过程。	
	虫媒花	依靠昆虫完成授粉的花，拥有花瓣颜色艳丽、香气迷人等特征（桃花、蒲公英等）。
	风媒花	依靠风力完成授粉的花，花粉重量轻且数量众多（松树、小麦等）。
	鸟媒花	依靠鸟类完成授粉的花（山茶花等）。
	水媒花	依靠水力完成授粉的花（狐尾藻等）。
受精	花粉里的精子进入子房，与位于子房里的胚珠结合的现象。	
	① 花粉移动至雌蕊柱头上（授粉）。 ② 授粉完成后，花粉在花柱里长出花粉管，穿过花柱进入子房。 ③ 精子通过花粉管进入子房与胚珠进行结合（受精）。	

2) 果实和种子

	真果	假果
果实的种类	（甲）柿子	（乙）苹果
种子的构造	由果皮（保护胚不受外界的影响），胚（未来发育为新植株的部分），胚乳（提供胚发育为幼苗过程中所需的养分）构成。	
	含有胚乳的种子	不含胚乳的种子
	柿子、苹果、水稻、小麦等	大豆、芸豆、豌豆、板栗等（豆科植物和板栗）营养成分储存在子叶里。
种子发芽的条件	水分、温度、空气	

图书在版编目（CIP）数据

我是生物王 ：全4册 / 韩国善友教育出版社编辑部著绘 ；洪梅译．--北京 ：北京联合出版公司，2013.12（2018.1重印）
（我是学习王）
ISBN 978-7-5502-2585-5

Ⅰ．①我… Ⅱ．①韩… ②洪… Ⅲ．①生物课－中学－教学参考资料 Ⅳ．①G634.913

中国版本图书馆CIP数据核字(2014)第006183号

著作权合同登记 图字：01-2014-0994号

我是学习王

我是生物王①

〔韩〕善友教育出版社编辑部／著绘　洪梅／译

丛书总策划/黄利　监制/万夏
责任编辑/张萌
编辑策划/设计制作/**奇迹童书**　www.qijibooks.com

北京联合出版公司出版
（北京市西城区德外大街83号楼9层　100088）
北京瑞禾彩色印刷有限公司印刷　新华书店经销
117千字　787毫米×1092毫米　1/16　22.25印张
2014年3月第1版　2018年1月第4次印刷
ISBN 978-7-5502-2585-5
定价：79.6元（全4册）

奇迹童书·有爱有梦想

科普

昆虫记（大奖版）
定价：268元（全8册）
出版社：北京联合出版公司

法布尔植物记（最美手绘版）
定价：49.9元（全2册）
出版社：北京联合出版公司

法布尔植物记（精装珍藏版）
定价：59.8元
出版社：北京联合出版公司

我的课外观察日记（第1季）
我的郊外观察日记
我的河流观察日记
我的后院观察日记
定价：79.90元（全3册）
出版社：北京联合出版公司

我的课外观察日记（第2季）
欢迎来池塘玩儿
欢迎来野生动物医院
豹猫特工队
定价：59.90元（全3册）
出版社：北京联合出版公司

我的课外观察日记（第3季）
一起来田园吧！
一起看野花吧！
定价：69.90元（全2册）
出版社：北京联合出版公司

我是化学王
定价：79.6元（全4册）
出版社：北京联合出版公司

我是物理王
定价：79.6元（全4册）
出版社：北京联合出版公司

少儿科学实验全知道
定价：119.60元（全4册）
出版社：北京联合出版公司

课本里学不到的历史
定价：64元（全2册）
出版社：北京联合出版公司

课本里学不到的实验
定价：88元（全2册）
出版社：北京联合出版公司

课本里学不到的科学
定价：38元
出版社：北京联合出版公司

“爱读”
每天为您分享好书，
精选书摘

看其他好书请关注
紫图微博：@紫图图书（每日关注，阅读精彩）
名牌志微博：@名牌志BRAND
奇迹童书微博：@奇迹童书